KB142981

최강 독일어

나도 독일어를 잘할 수 있다!

윤순식 지음

수도: 베를린

면적: 3,575만 9천 ha 세계 63위 (2020 국토교통부, FAO 기준)

인구: 8,329만 4,633명 세계 19위 (2023 통계청, UN, 대만통계청 기준)

주요 도시 인구

	도시명	인구수
1	베를린	385만명
2	함부르크	185만명
3	뮌헨	148만명
4	하노버	117만명
5	브레멘	68만명
6	뒤셀도르프	64만명
7	슈투트가르트	61만명
8	드레스덴	57만명
9	비스바덴	29만명
10	킬	25만명
11	마그데부르크	24만명
12	마인츠	21만명
13	에어푸르트	21만명
14	포츠담	18만명
15	자브뤼켄	18만명
16	슈베린	9만명

독일어 텍스트 이해를 잘하기 위한 독일어 문법책

최강 독일어

나도 독일어를 잘할 수 있다!

윤순식 지음

(주)교학도서

차례

1988년 공군사관학교에서 독일어 첫 강의를 시작한 이래 30여 년 대학에서 독일어를 가르쳤다. 강단에서 학생들을 가르치며 늘 느끼는 것은 대부분의 학생이 독일어 문법을 어려워한다는 것이었고, 또한 그 어려운 독일어 문법을 알고 있다 하더라도 실제 문장의 의미를 파악하는 데 실패한다는 것이었다. 단어 하나하나의 의미에 너무 얽매여 있어서 텍스트 속의 문장 간 유기적 맥락을 놓쳤기 때문이다.

그래서 이 책은 일상의 간단한 회화는 물론이고 기초적인 독일어 문법 숙지를 1차적인 목표로 삼으면서도, 단어 간의 유기적 맥락을 놓치지 않도록 중요 사항들을 틈틈이 강조해 두었다. 독자 여러분은 이 책으로 꾸준히 학습하다 보면 자기도 모르는 사이에 우리들의 최종목표인 독일어 해독능력 향상이 눈앞에 성큼 다가와 있음을 인식하게 될 것이다.

그사이 독일이 통일되었고, 유럽연합도 탄생했다. 그만큼 독일의 위상이 높아졌다는 것을 의미한다. 21세기 들어 '독일어 르네상스'라는 말이 나올 정도로 유럽에서 독일어 열풍은 대단하다. 앞으로도 그 위세는 수그

러들지 않을 기세다. 어떤 목적으로 독일어를 배우게 되었든 이 책을 택하기 잘했다는 것을, 독자 여러분은 이 책의 학습을 마칠 때쯤 체득하게 될 것이라고 감히 말씀드린다.

이 책은 대학 교양강의에도 유효하다. 저자가 대학에서 30여 년 강의한 경험이 녹아있기도 하고, 또한 대학 강의에서 필요한 정치, 경제, 사회, 문화 등의 이른바 '독일지역학'이라 불리는 독일의 이모저모도 텍스트에 적절하게 배치해 놓았기 때문이다. 대학에서 교재로 사용할 경우, [심화학습]이라고 표시한 파란색 부분은 건너뛰어도 무방하겠다. 한 학기용은 아니며 두 학기용으로 적합하다.

이 책의 구성은 총 23개 과에 다음 세 가지 항목으로 이루어져 있다.

기본 문법: 중요 구문을 엄선했고, 가급적 영어와의 대조를 통해 쉽게 설명했다.

연습 문제: 기본 문법에서 습득한 지식을 실제 문제에 적용한다. 기본 문법을 확실하게 본인의 것으로 만들 수 있으며, 중요한 독일어 문법에 대해서는 충분한 연습이 이루어지도록 하였다.

해석 연습: 각 문법에 해당하는 텍스트를 골라 문법도 함께 적용할 수 있도록 여러 독일어 원서에서 발췌했다. 내용 또한 심오한 뜻이 담긴 것들도 있어서 독일어 문장의 맛을 느낄 수 있다.

10과 '동사의 3요형'과 11과 '동사의 시제'는 하나의 문법 사항으로 간주하면 되겠고, 22과 '불변화사'는 대학 강의에서는 군이 건드릴 필요가 없이 학습자 개개인에게 맡기면 좋겠다. 불변화사(Partikeln)는 일단 어렵기도 하고, 모국어를 구사하는 독일인들도 쉽사리 설명하지 못하는 부분이기 때문이다. 다만 독일어 문법서로서는 최초로 독립된 부분으로 독자에게 소개한다는 점에 그 의의가 있다.

30여 년 강단에 있으면서 이루 헤아릴 수 없이 많은 학생과 상담하였다. 그중 독일어 원서 해독을 위한 좋은 책을 추천해 달라는 독일어 마니아들이 꽤 있었지만 이들에게 추천해 줄 만한 독일어 문법책은 마땅치 않았다. 그래서 10여 년 전 본인이 아예 이들을 위한 책을 집필하기로 결심했고, 그 결심이 오늘에야 빛을 보게 되었다.

『최강 독일어』로 학습하는 모든 현명한 독자의 건투를 빌며, 혹시 있을지 모르는 결함에 대해 독자의 질정을 겸허히 구하겠다.

2023년 5월
윤순식 씀

⬆ 베를린: 독일의 수도, 주(州)이면서 도시

1. 알파벳과 발음

1) 알파벳

영어의 알파벳 26자와 ä, ö, ü, ß 네 개를 더 추가해서 사용하며, 알파벳대로 소리가 나기 때문에 쉽게 읽을 수 있다.

Das deutsche Alphabet

A[aː] 아   B[beː] 베   C[tseː] 체   D[deː] 데

E[eː] 에   F[ɛf] 에프   G[geː] 게   H[**haː**] 게

I[iː] 이   J[jɔt] 요트   K[kaː] 카   L[ɛl] 엘

M[ɛm] 엠   N[ɛn] 엔   O[oː] 오   P[peː] 페

Q[kuː] 쿠   R[ɛr] 에르   S[ɛs] 에스   T[teː] 테

U[uː] 우   V[**fau:**] 파우   W[**veː**] 베   X[iks] 익스

Y[**ypsilɔn**] 윕실론   Z[tsɛt] 체트

Ä[ɛː] 애   Ö[øː] 왜   Ü[yː] 위   ß[ɛstsɛt] 에스체트

*(Ä: a-Umlaut, Ö: o-Umlaut, Ü: u-Umlaut)

2) 발음(Aussprache)

독일어는 어떤 단어를 발음할 때 영어와는 달리 사전에서 발음기호를 굳이 찾을 필요도 없이 알파벳의 음을 그대로 읽으면 된다. 예를 들면 das는 [ㄷ ㅏ ㅅ = 다스], man은 [ㅁ ㅏ ㄴ = 만], Heft는 [ㅎ ㅔ ㅍ ㅌ = 헤프트]로 발음하면 된다. 몇 가지 주의해야 할 발음들은 하단부 ※를 참조할 것.

① 모음(Vokale)

1. 기본모음 a, e, i, o, u - 장모음과 단모음에 유의

a, aa, ah[aː]	Abend	Staat	Bahn
a [ɑ]	alt	alles	wann
e, ee, eh[eː]	geben	Tee	Lehrer
e [ɛ]	elf	essen	Teller
e [ə]	gehen	bitte	Name
i, ie, ih[iː]	Bibel	bieten	ihm
i [ɪ]	immer	links	bitten
o, oo, oh[oː]	Brot	Boot	froh
o [ɔ]	kommen	fromm	offen
u, uh[uː]	Hut	Mut	Uhr
u [ʊ]	Mutter	Nummer	Urteil

2. 변모음 (Umlaut) - 장모음과 단모음에 유의

ä, äh[ɛː]	Bär	Mädchen	wählen
ä [ɛ]	Hände	März	Gärten
ö, öh[øː]	hören	schön	Höhle
ö [œ]	öffnen	Köln	zwölf
ü, üh[yː]	Tür	Übung	führen
ü [y]	fünf	dünn	füllen

3. 이중모음 (Diphtonge)

au[au]		Haus	blau	Frau	
ei(ai, ay, ey)[ai]		Mai	Eis	Bayern	Meyer
eu, äu[ɔy]		Leute	teuer	Bäume	
ie*[i:]		liegen	bieten	Tier	
[iə]		Familie	Linie	Ferien	

※ 모음의 발음 해설 – 주의할 발음들

e: 낱말의 끝이나 어미에 나타나면 약화되어 [ə]로 발음된다.
🅔 Name, haben.

ie: 장모음 [i :]로 발음한다. 🅔 sieben, Dieb.
다만 Familie, Linie, Ferien, Asien 등 몇 가지 경우에서는 i와 e가 각각 발음되어 [iə]와 같이 두 개의 소리로 발음된다.

ei: [ai]로 발음한다. 🅔 drei, Eis. nein.

eu, äu: [oi]로 발음한다.
🅔 heute, Freund, Leute, Käufer, Häuser.

y: 반모음이라고 하며 [ü]와 같이 발음한다. 🅔 System.

변모음 ä, ö, ü는 a, o, u에 e 모음을 첨가한 소리라고 할 수 있는데 입술의 모양을 a, o, u와 같이 하면서 혀를 e의 위치(전설)에 놓고 발음하면 된다(모음 삼각도 참조). 독일어 ä, ö, ü의 음가는 [아], [오], [우]에 모음 "이"를 첨가한 우리말의 [애], [외], [위]의 음가와 비슷하다. 다만 우리말은 [위]가 이중모음인데 반해 독일어의 변모음은 모두 단모음이다. 독일어의 변모음을 우리말과 비교해서 다음과 같이 요약할 수 있다.

a+e=ä 아+이=애

o+e=ö 오+이=외

u+e=ü 우+이=위

〈모음 삼각도〉

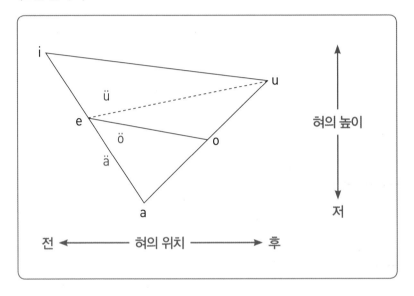

② 자음 (Konsonanten)

1. 단자음 (Einfache Konsonanten)

b[b]: Bank   Berlin   Liebe   낱말의 처음이나 또는 모음 앞에서

　[p]: halb   gelb   Herbst   낱말의 끝이나 또는 자음 앞에서

c[k]: Café   Camp

　[ts]: Cäsar   circa

　[ʧ]: Cello   Celesta

d[d]: danken   Dame   Ende   낱말의 처음이나 또는 모음 앞에서

[t]: Land   Hand   endlich   낱말의 끝이나 또는 자음 앞에서

f[f]: fahren   Freund

g[g]: Garten   Glas   fragen   낱말의 처음이나 또는 모음 앞에서

[k]: Tag   Burg   täglich   낱말의 끝이나 또는 자음 앞에서

[iç]: König   wenig   ruhig   -ig가 음절의 끝이나 자음 앞에서

h[h]: Himmel   Hund   낱말의 처음에 있을 때

[묵음]: gehen   Schuh   'h' 앞에 모음이 있을 때 → 장음으로 발음

j[j]: ja   jung

k[k]: kommen   Kuchen

l[l]: Lampe   Licht

m[m]: Milch   Mutter

n[n]: Name   nennen

p[p]: Papier   Post

qu[kv]: bequem   Qual

r[r]: Regen   Reise

s[s]: Post   Preis   's' 뒤에 자음이 있을 때, 단어의 끝 글자일 때

[z]: gesund   Sonne   's' 뒤에 모음이 있을 때, 단어의 첫 글자일 때

t[t]: Tante   treten

v[f]: Vater   Volk   Vetter   독일어 계통

[v]: Violine   Villa   Vase   외래어 계통

w[v]: Wagen   warten

x[ks]: Taxi   Text

z[ts]: zehn   Zug

2. 복자음 (Zusammengesetzte Konsonanten)

ch[x]: Bach   Buch   noch   auch

     → 'ch' 앞에 모음 a, o, u, au가 있을 때

   [ç]: echt   ich   Bücher   durch

     → 'ch' 앞에 그 이외 모음 또는 자음이 올 때

   [k]: Charakter   Christ → 외래어에서

chs[ks]: sechs   Fuchs

dt[t]: Stadt   Gesandte

ds[ts]: abends   Landsmann

ng[ŋ]: bringen   Wohnung

pf[pf]: Pferd   kämpfen

ph[f]: Photo   Philosophie

sch[ʃ]: Schule   Tisch

sp[ʃp]: Spiel   Sport   단어의 처음에 올 때

   [sp]: Aspirin   Knospe   단어 중간이나 끝에 올 때

st[ʃt]: Stadt   Student   단어의 처음에 올 때

   [st]: Fenster   Lust   단어 중간이나 끝에 올 때

th[t]: Theater   Thema

ts[ts]: nichts   rechts

tz[ts]: Platz   Katze

tsch[ʧ]: Deutsch   tschüs

※ 자음의 발음 해설 – 주의할 발음들

모음과 마찬가지로 독일어의 자음도 문자를 발음기호 삼아 읽으면 되는데, 몇 가지 주의해야 할 발음을 보면 다음과 같다.

b, d, g, s : 유성음 [b, d, g, z]로 발음되기도 하고 무성음 [p, t, k, s]로 발음되기도 하는데, 유성음과 유성음 사이 그리고 어두에서 유성음으로 소리가 난다. (또한 b, d, g 뒤에 l, r, m, n이 오면 유성음으로 발음. regnen, Ordnung, Handlung)

예 유성음 Brief, geben, sagen, Reise, Dieb, Hunde

무성음 halb, Hand, das, Tag, Herbst, Obst

h: 어두에서만 소리 나며 낱말 중간에서는 앞의 모음을 길게 발음한다. (복합어는 [h] 발음을 한다. woher, wohin, gehören.)

예 Haus, Heimat, halb ; gehen, zehn, Fehler. sehr

j: 영어와는 달리 독일어에서는 반모음 [j]로 발음하며, "ja, jung"은 "야, 융"으로 발음한다.

ps: Psychologie, psychisch 등의 외래어에서 나타난다. 영어의 경우 이때 p가 묵음으로 나타나는데 독일어에서는 [p]로 발음을 해주어야 한다.

pf: p와 f를 함께 발음해야 한다 [pf].

예 Pferd, pflegen.

qu: q는 항상 u를 동반하며 발음은 [kv]이다.

예 Quelle, bequem.

r: 독일어의 r은 혀끝을 떨어서 내는 소리이며, 영어의 r과는 다르다. 근래에 들어서는 불어의 영향으로 혀끝떨림소리 대신 목젖떨림소리가 많이 쓰인다.

예 Rose, Arbeit.

한편, r가 낱말의 끝에 오면 대개 모음화 되어 [ɘ]로 소리 난다.

예 wir, mir, Tor, Struktur.

er: 여기에서도 r은 모음화되며 er는 두 가지로 발음된다.

첫째, 영어의 어미 -er와 같이 우리말의 [어]에 가깝게 소리 난다.

예 Vater, Mutter, oder

둘째, [ea]와 같이 소리 나는 경우가 있다.

예 er, der, her, wer, mehr, vergessen.

tion: t가 구개음화 되어 [ts]로 소리 난다.

예 Nation, Lektion, Station

v: v의 발음은 [f]이다.

예 Vater, von, viel, vergessen

그러나 어원에 따라 [v]로 소리나는 경우도 있다.

예 Klavier, Vulkan, Vase.

w: [v]로 소리 난다.

예 wir, wo, wenn, wann, gewinnen.

z: [ts]로 소리나며 우리말 [ㅊ] 소리와 비슷하다.

예 Zeit, Zimmer, Mainz.

A 다음 중 밑줄 친 모음 중에서 짧게 발음되는 것은?

1 ① sehen   ② kommen   ③ gehen
    ④ sieben   ⑤ Name

2 ① Uhr   ② Tag   ③ Jahr
    ④ Abend   ⑤ Mann

3 ① Boot   ② Brot   ③ Kino
    ④ ohne   ⑤ Kind

B 다음 중 밑줄 친 모음 중에서 길게 발음되는 것은?

4 ① Gast   ② öffnen   ③ Tante
    ④ Wohnung   ⑤ Arbeit

5 ① geben   ② oft   ③ Geld
    ④ danken   ⑤ Morgen

6 ① Mutter   ② Vater   ③ Tochter
    ④ Kind   ⑤ Antwort

C 다음 중 밑줄 친 부분의 발음이 나머지 넷과 다른 것은?

7 ① h<u>ie</u>r   ② l<u>ie</u>gen   ③ Famil<u>ie</u>
    ④ s<u>ie</u>   ⑤ <u>Ih</u>r

8 ① ma<u>ch</u>en   ② do<u>ch</u>   ③ Bu<u>ch</u>
    ④ au<u>ch</u>   ⑤ glei<u>ch</u>

9 ① hei<u>ß</u>en   ② gro<u>ß</u>   ③ ko<u>s</u>ten
    ④ Rei<u>s</u>e   ⑤ Schwe<u>s</u>ter

D 다음 중 밑줄 친 부분과 발음이 같은 것은?

10   H<u>äu</u>ser

    ① kl<u>ei</u>n   ② K<u>ai</u>ser   ③ Fr<u>au</u>
    ④ K<u>ö</u>nig   ⑤ h<u>eu</u>te

11   <u>euch</u>

    ① Mil<u>ch</u>   ② se<u>chs</u>   ③ au<u>ch</u>
    ④ Na<u>ch</u>t   ⑤ To<u>ch</u>ter

12   je<u>tz</u>t

    ① Deu<u>ts</u>ch   ② aben<u>ds</u>   ③ Kä<u>s</u>e
    ④ hö<u>chs</u>t   ⑤ flei<u>ß</u>ig

 정답   1 ② 2 ⑤ 3 ⑤ 4 ④ 5 ① 6 ② 7 ③ 8 ⑤ 9 ④ 10 ⑤ 11 ① 12 ②

초보자가 꼭 알아야 할 기초사항

>> [명사와 관사]

① 독일어의 모든 명사는 성(Genus)을 갖는데, 대부분은 명사 앞에 관사를 사용하여 성을 표시한다. 독일어의 성에는 남성, 여성, 중성 세 가지가 있다. 독일어의 명사는 단어 첫 글자를 항상 대문자로 쓴다.

② 독일어의 관사는 명사의 성에 따라 'der(남성)', 'die(여성)', 'das(중성)' 형태가 있는데, 영어와 달리 16가지(정관사), 12가지(부정관사)가 있다. 중복되는 것도 많으므로 쉽게 외울 수 있다.

>> [기본적인 인사말과 감사의 표현]

③ 만날 때 하는 인사: 만날 때 하는 인사말은 시간대별로 다르지만, (Guten) Tag!으로 통용된다.

Hallo!(일반적으로 하는 인사. 안녕하세요!),

Guten Morgen!(아침 인사), Guten Tag!(낮 인사),

Guten Abend!(저녁 인사),

Gute Nacht!(잠자기 전), Schlaf gut!(잘 자!)

④ 헤어질 때 하는 인사: 헤어질 때 하는 인사말은 친밀도에 따라 다르다.

Auf Wiedersehen!, Wiedersehen!, Tschüs!, Tschau!

＊ 만날 약속이 있는 경우

Bis dann!(다음에 봐요!)   Bis bald! = Bis gleich!(곧 봐요!)

Bis morgen!(내일 봐요!)

⑤ 감사의 표현

Danke!　Danke schön!　Danke sehr!　Vielen Dank!

(감사합니다!)

Bitte!　Bitte schön!　Bitte sehr!(천만에요!)

⑥ 사과의 표현

Entschuldigung!　Entschuldigen Sie!　Verzeihung!
Verzeihen Sie!(실례합니다!)
Es tut mir leid!(유감입니다!)　　　Schade!(안 됐네요!)

⑦ 기타 인사

Alles Gute!(모든 게 잘 되기를!)　　Viel Glück!(행운을!)
Gute Reise!(좋은 여행!)　　Guten Appetit!(맛있게 드세요!)
Schönes Wochenende!(주말 잘 보내길!)
Viel Spaß!(재밌게 지내!)　　Gute Besserung!(빨리 완쾌하길!)
Kein Problem!(괜찮습니다!)

≫ [인칭대명사(Ⅰ)와 sein동사]

⑧ 나, 너, 그 남자, 그 여자 등 기본적으로 인칭을 알아야 한다.
다음 표는 기본적인 인칭대명사다.

	단수	복수
1인칭	ich 나	wir 우리
2인칭	du 너	ihr 너희들

3인칭	er	그 남자	sie	그들, 그것들
	sie	그 여자		
	es	그것		
존칭	Sie		Sie	

표에서 알 수 있듯이 영어와 거의 동일하지만, 존칭이라는 것이 따로 있다. 영어에서 you는 평칭, 존칭의 구별이 없지만, 독일어에서는 du와 Sie로 구별한다. 간단하게 얘기하면, du는 가까운 사이에서 사용하고, Sie는 공식적인 상황, 잘 모르는 사이에서 사용한다. 존칭 Sie는 항상 첫 글자를 대문자로 쓰고 단수와 복수의 구별이 없다.

⑨ 간단한 문장을 만들기 위해서 영어의 be 동사와 같은 동사(= sein 동사)를 가져와 보자. 영어의 I am, You are, He is …식으로 독일어는 ich bin, du bist, er ist …식으로 사용된다.

	단수		복수	
1인칭	ich	bin	wir	sind
2인칭	du	bist	ihr	seid
3인칭	er sie es	ist	sie	sind
존칭	Sie	sind	Sie	sind

나는 부지런하다.　　Ich bin fleißig. (fleißig 부지런한)

너는 건강하다.　　Du bist gesund. (gesund 건강한)

그는 선생님이다.　　Er ist Lehrer. (Lehrer 선생님)

그녀는 키가 작다.　　Sie ist klein. (klein 작은)

우리는 친구들이다.	Wir sind Freunde. (Freunde 친구들)
너희들은 예쁘다.	Ihr seid schön. (schön 예쁜, 아름다운)
그들은 시끄럽다.	Sie sind laut. (laut 시끄러운)
당신은 친절하다.	Sie sind nett. (nett 친절한)

여기서 알 수 있듯이 단수 3인칭 sie, 복수 3인칭 sie, 그리고 존칭 Sie 가 문장의 처음에 나오면 구별이 되지 않는다. 이것은 문장의 맥락으로 구별해야 한다.

≫ [형용사]

⑩ 독일어의 형용사는 부가어적으로도 쓰이고 서술적으로도 쓰인다. 서 술적으로 쓰일 때는 형용사에 아무런 변화가 없지만, 부가어적으로 쓰 일 때, 즉 명사를 수식할 때는 형용사가 어미변화를 한다.

⑪ 또한 형용사는 아무런 어미변화 없이 그대로 부사로도 사용된다.

≫ [haben 동사]

⑫ haben 동사는 영어의 have 동사와 같다. 자주 나오는 동사이기 때문 에 그 인칭변화를 미리 알아두어야 한다.

	단수	복수
1인칭	ich habe	wir haben
2인칭	du hast	ihr habt
3인칭	er sie hat es	sie haben
존칭	Sie haben	Sie haben

해석 연습

● 1-1. 간단 회화 Guten Morgen!(좋은 아침!)

In-ho: Guten Morgen! Mein Name ist In-ho. Ich bin Schüler.

Yu-mi: Guten Morgen! Ich heiße Yu-mi. Ich bin Schülerin.

In-ho: Yu-mi, das ist Peter. Peter, das ist Yu-mi.

Peter: Guten Tag, Yu-mi!

Yu-mi: Guten Tag, Peter!

인호: 안녕하세요! 나의 이름은 인호입니다. 나는 학생이에요.

유미: 안녕하세요! 나는 유미라고 해요! 나는 여학생입니다.

인호: 유미, 이쪽은 페터입니다. 페터, 이쪽은 유미입니다.

페터: 안녕하세요, 유미!

유미: 안녕하세요, 페터!

● 1-2. 간단 회화 Wie heißen Sie?(당신 이름이 뭐예요?)

In-ho: Guten Tag! Ich heiße In-ho. Wie heißt du?

Petra: Ich heiße Petra.

In-ho: Pedro?

Petra: Nein, ich heiße nicht Pedro. Ich heiße Petra.

In-ho: Auf Wiedersehen, Petra!

Petra: Auf Wiedersehen, In-ho!

인호: 안녕! 나는 인호라고 해. 너 이름은 뭐니?

페트라: 나는 페트라라고 해.

인호: 페트로?

페트라: 아니, 내 이름은 페트로가 아냐. 내 이름은 페트라야.

인호: 잘 가, 페트라!

페트라: 다음에 봐, 인호!

Wörter und Phrasen

gut 좋은; **der Morgen** 아침; **Wiedersehen** 다시 봄; **ich** 나는; **bin** …이다; **der Schüler** 학생; **wie** 어떻게; **heißen** …로 불리다; **du** 너; **mein** 나의; **ist** …이다; **die Schülerin** 여학생; **das** 이것, 이분, 그것, 그분; **der Tag** 날, 일(日); **nicht**…가 아닌

△ 함부르크: 독일 제2 도시. 주(州)이면서 도시

2. 관사, 문장구조

영어에 정관사 the와 부정관사 a(n)가 있듯이 독일어에도 정관사와 부정관사가 있다. 다만 영어의 관사는 변화되는 경우가 없지만, 독일어의 관사는 뒤에 나오는 명사에 따라서 많은 변화가 있다. 정관사의 경우는 16가지로 변하고, 부정관사의 경우는 12가지로 변한다. 하지만 중복되는 경우가 많아서 외우기에 그다지 어렵지 않다. 미리 말한다면, 정관사는 der, die, das 형태이고, 부정관사는 ein, eine 형태이다. 먼저 정관사부터 살펴보자.

1) 정관사

정관사는 영어와 마찬가지로 이미 알고 있는 것, 특정의 것, 또는 종속 전체를 일괄적으로 표현할 때 사용된다. 물론 관사 없이 사용되는 명사도 있다.

	남성(M.)	여성(F.)	중성(N.)	복수(PL.)
1격(~은, ~는)	**der** Mann	**die** Frau	**das** Kind	**die** Kinder
2격(~의)	**des** Mannes	**der** Frau	**des** Kindes	**der** Kinder
3격(~에게)	**dem** Mann	**der** Frau	**dem** Kind	**den** Kindern
4격(~을, ~를)	**den** Mann	**die** Frau	**das** Kind	**die** Kinder

※ 명사의 격에는 1격(주격: N. = Nominativ), 2격(소유격: G. = Genitiv), 3격(여격: D. = Dativ), 4격(목적격: A. = Akkusativ)이 있다. 독일어의 명사는 관사와 함께 사용되고, 남성, 여성, 중성이라는 세 가지 성이 있다.

Der Mann ist fleißig. (남성1격) 그 남자는 부지런하다.

Ich liebe den Mann. (남성4격) 나는 그 남자를 사랑한다.

Die Frau ist schön.(여성1격) 그 부인은 아름답다.

Ich kenne **die** Frau.(여성 4격) 나는 그 부인을 알고 있다.

Das Kind ist sehr klug.(중성 1격) 그 아이는 매우 영리하다.

Ich kenne **das** Kind.(중성 4격) 나는 그 아이를 알고 있다.

Die Kinder spielen draußen.(복수 1격)

그 아이들은 밖에서 놀고 있다.

Ich liebe **die** Kinder.(복수 4격) 나는 그 아이들을 좋아한다.

2) 부정관사

부정관사는 알려지지 않은 임의의 하나, 한 개를 뜻하거나, 하나를 가지고 종속 전체를 일괄적으로 표현할 때 사용된다. 또한 고유명사에 대해 '일종의, …와 같은 인물'을 나타낸다.(ein Goethe 괴테와 같은 인물)

	남성(M.)	여성(F.)	중성(N.)	복수(PL.)
1격	ein Mann	eine Frau	ein Haus	
2격	eines Mannes	einer Frau	eines Hauses	없음
3격	einem Mann	einer Frau	einem Haus	
4격	einen Mann	eine Frau	ein Haus	

ein의 부정형인 kein도 부정관사 ein과 똑같이 격변화한다.

Ein Mann kommt. 한 남자가 온다.

Ich habe **einen** Bruder und **eine** Schwester.

나는 한 명의 형과 한 명의 누나를 가지고 있다.

Dort steht **ein** Haus. 저기 한 채의 집이 있다.

Dort steht **eine** Dame. 저기 한 부인이 서 있다.

Die Dame hat ein Buch. 그 부인은 책 한 권을 갖고 있다.

3) 문장의 기본구조

독일어 문장은 기본적으로 '주어＋동사＋기타 문장성분'의 구조이다.
독일어의 동사는 문장에서 언제나 두 번째에 위치한다.

서술문	Ich	bin		heute	zu Hause.
	Morgen	bin	ich		zu Hause.

서술문에서 주어 이외의 요소가 문두(文頭)에 나오면 주어와 동사는 '도
치'가 된다.

의문문		Bist	du	heute	zu Hause?
	Wann	bist	du		zu Hause?

의문사가 있는 의문문에서는 의문사＋동사＋주어의 순서이다.

Wie heißen Sie? 당신 이름이 어떻게 되나요?

Was machen Sie beruflich? 당신의 직업은 무엇입니까?

Wo wohnst du? 너는 어디에 살고 있니?

하지만 의문사가 없는 의문문은 동사부터 시작하면 된다. 예를 들어 Er
wohnt in Hamburg. (그는 함부르크에 산다.)라는 서술문을 의문문으로
바꿀 경우, 영어에서는 He lives in Hamburg.라는 서술문을 Does he
live in Hamburg?라는 의문문으로 바꾸지만, 독일어에서는 그냥 주어
와 동사의 순서만 바꿔주면 된다. 즉 Wohnt er in Hamburg?라고 하면
의문문이 되는 것이다.

또 한 가지 더, 의문사가 있는 의문문에서는 'ja(예), nein(아니오)'라고 대답할 수 없지만, 의문사가 없는 의문문에서는 'ja, nein'으로 대답한다.

질문에 대한 대답으로 독일어에서는 'doch'가 따로 있는데, 이것은 부정으로 묻고 긍정으로 대답할 때 사용된다. 이상에서 의문문에 대한 문장들을 살펴보자.

Bist du ledig? Ja, ich bin ledig. 너는 미혼이니? 응, 나는 미혼이야.

Ist Karl verheiratet? Nein, er ist nicht verheiratet.

카알은 결혼했니? 아니, 그는 결혼하지 않았어.

Bist du nicht ledig? **Doch**, ich bin ledig.

너는 미혼이 아니니? 아니, 나는 미혼이야.

Ist Karl nicht verheiratet? **Doch**, er ist verheiratet.

카알은 결혼 안 했니? 아니, 그는 결혼했어.

＊ 부정문을 만들 경우, 대부분의 경우 위의 문장처럼 nicht를 사용하지만, 부정관사가 있는 명사와 관사가 없는 명사를 부정할 때는 kein을 사용한다.

Hast du einen Bruder? Nein, ich habe keinen Bruder.

너는 형(또는 동생)이 있니? 아니, 나는 형(또는 동생)이 있어.

Hast du Geld? Nein, ich habe kein Geld.

너 돈 있니? 아니, 나는 돈이 없어.

Hast du Zeit? Nein, ich habe keine Zeit.

너 시간 있니? 아니 나는 시간이 없어.

Hast du kein Geld? Doch, ich habe Geld.

너 돈 없니? 아니, 나 돈 있어.

Hast du keine Zeit? Nein, ich habe keine Zeit.

너 시간 없니? 응, 나 시간 없어.

A 다음 밑줄 위에 알맞은 것을 골라 넣으시오.

1 Hast du _____ Bleistift und _____ Heft?

① ein, einen   ② eine, einen   ③ eine, ein

④ einen, ein   ⑤ ein, ein

2 Wo ist _____ Tisch? _____ ist links.

① der, Er   ② die, Sie   ③ das, Es

④ der, Sie   ⑤ die, Es

3 Herr Kim hat _____ Sohn und _____ Tochter.

① ein, ein   ② eine, einer   ③ einem, einen

④ einen, einen   ⑤ einen, eine

4 Wer ist das? Das _____ Herr und Frau Kim

① ist   ② bist   ③ sind   ④ seid   ⑤ bin

5 Deutschland ist kein Kontinent, sondern ein _____

① Stadt   ② Dorf   ③ Land   ④ Hafen   ⑤ Garten

정답   1④   2①   3⑤   4③   5③

B 알맞은 의문사를 골라 넣으시오.

was, wie, wo, woher, wann

1 _____ kommen Sie? Ich komme aus Heiderberg.

2 _____ hast du denn Zeit? Ich habe keine Zeit.

3 _____ heißt du? Ich heiße Klaus Mann.

4 _____ sind Sie von Beruf? Ich bin Maler.

5 _____ wohnst du? Ich wohne jetzt in Hamburg.

> 정답   1 Woher   2 Wann   3 Wie   4 Was   5 Wo

C 다음 질문에 답하시오.

1 Haben Sie Geld? Nein, _____

2 Haben Sie einen Bruder? Nein, _____

3 Sind Sie aus Korea? Nein, _____

4 Haben Sie Kinder? Nein, _____

5 Ist sie auch nicht zu Hause? Doch, _____

> 정답   1 ich habe kein Geld.   2 ich habe keinen Bruder.   3 ich bin nicht aus Korea.   4 ich habe keine Kinder.   5 sie ist auch zu Hause.

해석 연습

2-1. 간단 회화

In-ho: Ist das ein Kugelschreiber?

Peter: Nein, das ist kein Kugelschreiber.

In-ho: Das ist ein Bleistift.

Peter: Ja, klar.

Yu-mi: Was ist das?

In-ho: Das ist ein Glas.

Yu-mi: Nein, falsch. Das ist eine Flasche.

Peter: Ist das ein Apfel oder ein Ball?

In-ho: Das ist ein Ball.

Peter: Nein, das ist kein Ball. Das ist ein Apfel.

Wörter und Phrasen

was 무엇; **wer** 누구, 누가; **ein** 하나의; **der Bleistift** 연필; **das Glas** 유리잔; **wo** 어디에; **der/das/die** 그; **kurz** (↔ **lang**) 짧은; **der Kugelschreiber** 볼펜; **nein** (↔ **ja**) 아니요; **nicht** ...가 아닌; **klar** 분명한, 맞아; **falsch** (↔ **richtig**) 틀린; **die Flasche** 병; **der Apfel** 사과; **oder** 혹은; **der Ball** 공

2-2. Die Vorstellung(소개)

Hallo, Leute. Ich heiße Minho, Minho Yun. Ich komme aus Korea. Ich bin dreizehn Jahre alt. Ich habe zwei Geschwister. Mein Bruder heißt Taehyun, er ist zwanzig Jahre alt und jetzt Student. Meine Schwester heißt Yumi, sie geht noch in die Hauptschule. Ich wohne jetzt in Hamburg. Ich mag Hamburg. Ich möchte später Diplomat werden.

안녕하세요, 여러분. 저는 민호, 윤민호라고 합니다. 저는 한국에서 왔습니다. 나이는 13살이고 두 명의 형제자매가 있습니다. 내 형의 이름은 태현이고, 20살이며, 지금 대학생입니다. 내 누나의 이름은 유미이고 아직 하우프트슐레(실업계 고등학교)에 다니고 있습니다. 나는 지금 함부르크에 살고 있으며, 함부르크를 좋아합니다. 나는 나중에 외교관이 되고 싶습니다.

● 뮌헨: 바이에른(Bayern) 주의 수도

3. 명사

독일어의 명사는 성(姓), 수(數), 격(格)을 가지며, 첫 글자는 대문자로 쓴다. 성(姓)에는 남성, 여성, 중성 세 종류가 있다. 각 성에 붙이는 정관사는 der(남성), die(여성), das(중성)이고 복수는 die이다. 수(數)에는 단수, 복수가 있다. 격(格)에는 1, 2, 3, 4격이 있으며, 독일어의 명사는 이 격에 따라서 정관사, 부정관사가 변화한다. 다시 말해 독일어는 명사 앞에 붙은 정관사, 부정관사로 그 격을 판단할 수 있다.

1) 명사의 성

독일어 명사의 성은 쉽게 알아볼 수 있는 것도 있지만(=자연적 성), 대부분은 전혀 예측할 수 없다(문법적 성). 예를 들어 아버지(Vater), 아들(Sohn), 어머니(Mutter), 딸(Tochter) 등은 쉽게 남성, 여성을 알 수 있지만, 책상(Tisch), 의자(Stuhl), 창문(Fenster), 영화관(Kino), 칠판(Tafel), 꽃(Blume), 문(Tür) 등은 쉽게 판단할 수가 없다. 왜냐하면 독일어 명사의 성에는 일정한 규칙이 없기 때문이다. 그래서 우리가 독일어 명사를 외울 때는 반드시 그 성과 함께 익혀야 한다. 물론, 독일어 기초학습이 어느 정도 끝나면 일정 부분의 규칙은 터득할 수 있다. (간단한 예로, 요일, 달, 계절을 표시하는 명사라든지 -er, -or, -ent로 끝나는 명사는 모두 남성명사이며, -ei, -ung, -heit, -keit, -schaft로 끝나는 명사는 모두 여성명사이며, -chen, -lein, -um으로 끝나는 명사는 모두 중성명사이다.)

2) 명사의 수

명사의 복수형에는 크게 5가지가 있다.

어미		단수(Sg.)	복수(PL.)	참조
–	–	der Lehrer	die Lehrer	어간모음이 a, o, u이면 ä, ö, ü가 된다.
		das Zimmer	die Zimmer	
	..	der Vater	die Väter	
		die Mutter	die Mütter	
-e	-e	das Jahr	die Jahre	어간모음이 a, o, u이면 대부분 ä, ö, ü가 된다.
		der Tag	die Tage	
	··e	der Sohn	die Söhne	
		die Hand	die Hände	
-er	-er	das Kind	die Kinder	여성명사는 없음. 어간모음이 a, o, u이면 ä, ö, ü가 된다.
	··er	der Mann	die Männer	
		das Buch	die Bücher	
-(e)n	-(e)n	die Karte	die Karten	
		der Mensch	die Menschen	
-s	-s	das Kino	die Kinos	외래어 명사
		die E-Mail	die E-Mails	

단수형 문장을 복수형 문장으로 변환하면 다음과 같다.

Das Zimmer ist klein.

→ Die Zimmer sind klein. 방들은 작다.

Der Schüler kauft dem Freund einen Kuli und ein Heft.

→ Die Schüler kaufen den Freunden Bleistifte und Hefte.

학생들은 친구들에게 연필과 공책들을 사준다.

Das Buch gehört dem Kind.

→ Die Bücher gehören den Kindern. 책들은 아이들의 것이다.

Der Student bringt der Frau eine Zeitung.

→ Die Studenten bringen den Frauen Zeitungen.

대학생들은 그 부인들에게 신문들을 가지고 온다.

심화학습 다음 명사는 복수형으로만 사용된다.

die Eltern(양친), die Leute(사람들), die Geschwister(형제자매), die Ferien(방학, 휴가), die Ostern(부활절), die Weihnahten(크리스마스), die USA(미국)

3) 명사의 격

명사의 격은 문장 내에서의 명사의 역할과 다른 문장성분과의 관계를 나타내 준다. 앞장에서 언급한 바와 같이 1격, 2격, 3격, 4격이 있다. 남성명사와 중성명사의 2격 형태에서는 명사에 −s 또는 −es가 붙으며, 복수 3격에서는 명사에 −n이 붙는다.

예를 들어 '그 남자의 부인'이라고 독일어로 표현하려면 'die Frau des Mannes', '그 아이의 아버지'라고 표현하려면 'der Vater des Kindes'로 써야 한다.

4) 약변화하는 남성명사

일부 명사는 단수 1격을 제외하고 단수 2, 3, 4격과 복수의 모든 격에 −(e)n이 온다.

이것을 '명사의 약변화'라고 하는데, 아래 보기와 같다.

	1격	2격	3격	4격
단수	der Student	des Studenten	dem Studenten	den Studenten
복수	die Studenten	der Studenten	den Studenten	die Studenten

이와 같은 변화를 하는 명사들은 다음과 같다.

der Mensch, der Soldat, der Präsident, der Polizist, der Junge, der Passant 등

심화학습 1 der Herr의 경우에는 단수 2, 3, 4격에서는 -n, 복수에서는 -en이 온다.

	1격	2격	3격	4격
단수	der Herr	des Herrn	dem Herrn	den Herrn
복수	die Herren	der Herren	den Herren	die Herren

심화학습 2 der Name의 경우에는 단수 2격에 -ns 단수3, 4격에서는 -n, 복수에서는 -n이 온다.

	1격	2격	3격	4격
단수	der Name	des Namens	dem Namen	den Namen
복수	die Namen	der Namen	den Namen	die Namen

5) 복합명사

복합어는 독일어의 중요 특징 중의 하나이며, 복합명사, 복합동사 등이 있다. 그중 복합명사란 다른 품사와 명사가 결합하여 이루어진 명사이며, 이것의 성과 격변화는 뒤의 명사의 성과 격변화를 따른다. 하지만 강세는 앞의 단어에 있다.

① '명사＋명사'인 경우

das Deutsch＋der Lehrer＝der Deutschlehrer

das Haus＋die Frau＝die Hausfrau

die Bahn(선로)+der Hof(뜰)=der Bahnhof(역, 정거장)

die Kinder(아이들)+der Garten(정원)=der Kindergarten(유치원)

② '기타 품사+명사'인 경우

fremd+die Sprache=die Fremdsprache(외국어)

groß+die Eltern=die Großeltern(조부모)

wohnen+das Zimmer=das Wohnzimmer(거실)

schreiben+der Tisch=der Schreibtisch(책상)

6) 여성명사의 파생

직업이나 신분을 나타내는 남성명사에 어미 -in을 붙이면 여성명사가
된다.

der Schüler → die Schülerin

der Student → die Studenten

der Lehrer → die Lehrerin

der Maler → die Malerin

이 여성명사의 복수형은 -nen을 붙인다.

die Schülerinnen, die Studentennin, die Lehrerinnen,

die Malerinnen

A 다음 밑줄 위에 알맞은 것을 골라 넣으시오.

1 Karl kauft zwei _____ und _____.

① Heft, Bleistift ② Heft, Bleistifte

③ Heften, Bleistiften ④ Heftes, Bleistiftes

⑤ Hefte, Bleistifte

2 Er hat drei _____

① Hause ② Sohne ③ Töchter

④ Wörterbuch ⑤ Bucher

3 Die _____ dieses Baumes sind grün.

① Blatt ② Blatte ③ Blätter ④ Blatten ⑤ Blatter

4 Die Uniform des _____ ist braun.

① Soldat ② Soldate ③ Soldater

④ Soldaten ⑤ Soldates

5 Jeder Mensch hat zwei _____ und _____

① Augen, Ohren ② Auge, Ohr ③ Auge, Ohre

④ Auges, Ohres ⑤ Augen, Ohres

6 Eine _____ hat sieben Tage.

① Stunde ② Woche ③ Monat ④ Jahr ⑤ April

7 Der Sohn eines Bruders heißt mich _____

① Opa ② Vater ③ Großvater

④ Neffe ⑤ Onkel

8 Er schreibt einen Roman. Er ist der _____ des Romans.

① Lehrer ② Professor ③ Maler

④ Autor ⑤ Kaufmann

정답 1⑤ 2③ 3③ 4④ 5① 6② 7⑤ 8④

B 다음 밑줄 위에 알맞은 어미를 넣으시오.

1 Der Onkel schickt d_____ Bruder ein Buch.

2 Er hat ein_____ Kalender. D_____ Kalender zeigt Tage und Monate.

3 D_____ Tochter d_____ Tante ist fleißig und nett.

4 Das Fenster des Zimmer_____ ist schön und groß.

5 Der Apfel des Garten_____ ist klein.

정답 1 em 2 en, er 3 ie, der 4 s 5 s

C 알맞은 단어를 고르시오.

Großvater, Vater, Onkel, Tante, Geschwister, Enkel

1 Der Bruder meines Vaters ist mein _____

2 Die Schwester meiner Mutter ist meine _____

3 Der Vater meines Vaters ist mein _____

4 Meine Brüder und Schwestern sind meine _____

5 Ich bin der _____ meiner Großeltern.

정답 1 Onkel 2 Tante 3 Großvater 4 Geschwister 5 Enkel

연습문제

D 단수는 복수로, 복수는 단수로 고치시오.

1 Die Frau kauft dem Kind ein Buch.

2 Die Studentin schreibt die Übung.

3 Ein Vogel sitzt auf dem Baum.

> **정답**
> 1 Die Frauen kaufen den Kindern Bücher.
> 2 Die Studentinnen schreiben die Übungen.
> 3 Vögel sitzen auf den Bäumen.

해석 연습

3-1. 간단 회화

Herr Müller: Guten Tag!

Frau Bauer: Guten Tag!

Herr Müller: Wie geht es Ihnen?

Frau Bauer: Danke, gut. Und Ihnen?

Herr Müller: Danke, auch gut.

Julia: Hallo, Hana!

Hana: Hallo, Julia!

Julia: Wie geht es dir?

Hana: Danke, Mir geht es gut. Und dir?

Julia: Prima, Heute ist das Wetter sehr schön.
　　　Trinken wir einen Kaffee?

Hana: Gerne.

Wörter und Phrasen

wie 어떻게; **gut** (↔ 나쁜 **schlecht**) 좋은; **gehen** 가다; **es** 그것은(여기서는 '상황'을 나타냄); **Ihnen** 당신에게; **und** 그리고; **dir** 너에게; **hallo!** 안녕!; **auch** 또한, 역시; **prima** 최고의, 멋진; **das Wetter, die Wetter** 날씨; **sehr** 아주, 매우; **schön** 아름다운, 좋은; **trinken** 마시다; **der Kaffee** 커피; **gerne** 기꺼이, 즐겨

해석 연습

● 3-2. Die Monate(월)

Die Monate Dezember, Januar und Februar sind die Monate des Winters. Im Dezember ist Weihnachten. Im Januar beginnt das Jahr. Im Februar ist das Wetter noch kalt.

Die Monate März, April und Mai sind die Monate des Frühlings. Im März wird das Wetter warm. Im April werden die Bäume grün. Im Mai singen die Vögel in den Wäldern.

Die Monate des Sommers heißen Juni, Juli und August. Im Juni wird das Wetter heiß. Im Sommer schwimmen wir in der See. Im August geht man in die Berge. In der Nacht sieht man Mond und Sterne.

Die Monate des Herbstes heißen September, Oktober und November. Im Oktober wird das Wetter kühl. Im November fallen die Blätter, und in der Nacht ist es still.

12월, 1월, 2월은 겨울의 달이다. 12월에는 크리스마스가 있다. 1월에는 한 해가 시작된다. 2월에는 날씨가 여전히 차갑다.

3월, 4월, 5월은 봄의 달이다. 3월에는 날씨가 따뜻하다. 4월에는 나무들이 초록 색이 된다. 5월에는 새들이 숲에서 노래한다.

여름의 달은 6월, 7월, 8월이라 부른다. 6월에는 날씨가 덥다. 우리는 여름에 바다 에서 수영한다. 8월에는 사람들은 산으로 간다. 밤에는 달과 별들이 보인다.

9월, 10월, 11월을 가을이라 부른다. 10월에는 날씨가 서늘해진다. 11월에는 나 뭇잎들이 떨어지고, 밤에는 고요하다.

4. 동사

동사는 문장 중에서 주어의 행위, 과정, 상태나 존재를 표현하는 술어의 기능을 담당한다. 독일어 동사는 영어와 마찬가지로 원형(=부정형)이 있는데, -en 또는 -n으로 끝난다. 이것을 동사의 어미라고 하고, 그 앞부분은 어간이라고 한다. 동사는 주어의 인칭과 수에 따라 이 어미가 변한다. 사전에서 독일어 동사를 찾으려면 원형으로 찾아야 한다.

원형(부정형)	어간 -(e)n	뜻	영어
gehen	geh -en	가다	go
kommen	komm -en	오다	come
tun	tu -n	행하다	do, work

＊ 어미가 -n인 부정형은 -eln, -ern으로 끝나는 동사와 sein, tun 뿐이다.

1) 동사의 현재인칭변화(규칙변화)

영어에서는 3인칭 단수현재에서만 -s나 -es를 붙이지만 독일어는 매 인칭마다 어미변화가 있다. 이것을 규칙변화 (또는 약변화동사)라고 한다.

인칭 \ 수		단수		복수
1	ich	어간 e	wir	어간 en
2	du	어간 st	ihr	어간 t
3	er/sie/es	어간 t	sie(존칭Sie)	어간 en

인칭	kommen (오다)	wohnen (살다)	warten (기다리다)	heißen (~라고 불리다)
ich	komme	wohne	warte	heiße
du	kommst	wohnst	wartest	heißt
er/sie/es	kommt	wohnt	wartet	heißt

wir	kommen	wohnen	warten	heißen
ihr	kommt	wohnt	wartet	heißt
sie(존칭Sie)	kommen	wohnen	warten	heißen

Woher kommst du? Ich komme aus Korea.

(너는 어디에서 왔니? 나는 한국에서 왔어.)

Du wohnst jetzt in Hamburg.

(너는 지금 함부르크에서 살고 있다.)

Wie heißt du? Ich heiße Minho Park.

(너 이름이 뭐니?, 나는 박민호라고 해.)

대부분의 동사는 규칙변화를 따르지만 약간 유의할 점도 있다.

* 어간의 끝이 -d, -t, -dn, -fn, -chn 등으로 끝나면 2인칭과 3인칭 단수, 그리고 2인칭 복수에서 -e를 삽입한 후에 어미를 붙인다.(arbeiten, finden, öffnen)
* 어간의 끝이 -s, -ß, -z 등으로 끝나면 2인칭 단수에서 -st대신 -t만 붙인다.(reisen, sitzen)

2) 동사의 현재인칭변화(불규칙변화 = 강변화동사)

강변화동사란 부정형의 어간 모음이 변하는 동사를 말하는데, 단수 2인칭(du)과 3인칭(er/sie/es)에서만 다음과 같이 특수하게 변화한다.

① a → ä

② e → i

③ e → ie

	① fahren	② helfen	③ sehen
ich	fahre	helfe	sehe
du	fährst	hilfst	siehst
er/sie/es	fährt	hilft	sieht
wir	fahren	helfen	sehen
ihr	fahrt	helft	seht
sie(Sie)	fahren	helfen	sehen

① 어간모음 a가 ä로 변하는 강변화동사

fallen(떨어지다), fangen(잡다), schlafen(잠자다),

tragen(운반, 착용하다), gefallen(마음에 들다),

halten(멈추다, 유지하다)

Er fährt mit dem Bus nach Berlin.

(그는 버스를 타고 베를린으로 간다.)

Hamburg gefällt mir.(함부르크는 내 마음에 든다.)

② 어간모음 e가 i로 변하는 강변화동사(e가 단모음일 때)

geben(주다), essen(먹다), sprechen(말하다), treffen(만나다)

Entschuldigung! Sprichst du Deutsch?

(실례합니다! 너는 독일어를 말할 줄 아는가?)

Er isst kein Fleisch.(그는 육류고기를 먹지 않는다.)

③ 어간모음 e가 ie로 변하는 강변화동사(e가 장모음일 때)

lesen(읽다), empfehlen(추천하다), aussehen(~처럼 보이다)

Sie siehst heute sehr schön aus.

(그녀는 오늘 매우 아름다워 보인다.)

Hana liest ein Buch.(하나는 책을 읽고 있다.)

④ 그 외 o → ö, au → äu 등으로 변하는 소수의 동사들도 있다.

stoßen(부딪치다)   du stößt, er stößt

laufen(달리다)   du läufst, er läuft

심화학습 어간의 끝이 -d, -t일 때, 강변화동사처럼 어간모음이 변하면 단수 2인칭(du), 3인칭(er)에서는 인칭어미 -e를 붙여서는 안 된다.

einladen(초대하다) du lädst...ein, er lädt...ein

unterhalten(대화하다) du unterhältst, er unterhält(○)

unterhältet(×)

gelten(가치가 있다) du giltst, er gilt

3) 특수 불규칙변화 sein, haben, werden, wissen 동사의 현재인칭변화

	sein	haben	werden (~이 되다)	wissen (알다)	nehmen (=take)
ich	bin	habe	werde	weiß	nehme
du	bist	hast	wirst	weißt	nimmst
er/sie/es	ist	hat	wird	weiß	nimmt
wir	sind	haben	werden	wissen	nehmen
ihr	seid	habt	werdet	wißt	nehmt
sie(Sie)	sind	haben	werden	wissen	nehmen

Sind Sie morgen zu Hause? Ja, ich bin morgen zu Hause.

(당신은 내일 집에 있습니까? 예, 저는 내일 집에 있습니다.)

Ich habe einen Vater und eine Mutter.

(나는 한 분의 아버지와 한 분의 어머니가 있습니다.)

Wann habt ihr denn Zeit? Übermorgen haben wir Zeit.

(너희들은 대체 언제 시간이 있니? 우리는 모레 시간이 있어요.)

Was wirst du? Ich werde Lehrer.

(너는 뭐가 될 거니? 나는 선생님이 될 거야.)

Ich weiß nicht, wo er wohnt.

(나는 그가 어디에 사는지 몰라.)

Herr Müller nimmt die Zeitung und liest.

(뮐러 씨는 신문을 들고 읽는다.)

4) 동사의 격지배

대부분의 타동사는 4격을 동반하는데, 몇몇 동사는 3격을 동반하기도 한다. 이것을 3격지배동사라고 하며, 대표적으로 helfen, gefallen, gehören 동사가 있다. 예를 들어, '나는 그를 돕는다.'라고 작문할 때, 'Ich helfe ihn.'이 아닌 'Ich helfe ihm.'으로 해야 하는 것이다.

Sie hilft mir bei der Aufgabe. 그녀는 내가 숙제하는 것을 돕는다.

Die Stadt gefällt mir nicht. 그 도시는 내 마음에 들지 않는다.

Das Buch gehört dir. 그 책은 네 것이다.

5) 복합동사

독일어의 동사는 전치사나 부사와 결합되어 원래보다 더 구체적인 의미를 형성하거나, 본래의 뜻과 전혀 다른 의미를 가지는 경우가 많다. 원래의 동사 앞에 결합되어 있는 전치사나 부사 등을 '전철'이라고 하는데, 이러한 전철과 결합된 동사를 복합동사라고 한다. 단일 동사와 분리되어 문장 끝에 위치하는 분리 전철과 단일 동사와 분리되지 않고 결합된 형태로 사용되는 비분리 전철이 있다. 분리 전철과 함께 사용되는 동사를 '분리 동사', 비분리 전철과 함께 사용되는 동사를 '비분리동사'라고 한다.

① **비분리동사**: 비분리 전철을 가진 동사. 어떤 경우라도 분리되지 않는다.

※ 비분리 전철(8개): be-, er-, emp-, ent-, ge-, miss-, ver-, zer-. 강세가 없다.

Das Zimmer gefällt mir sehr. 그 방은 무척 내 마음에 든다

Die Reise beginnt am 20. März. 여행은 3월 20일에 시작된다.

Frau Bauer erklärt den Fahrplan. 바우어 부인은 시각표를 설명한다.

Die Schüler verstehen gut Frau Bauer.
그 학생들은 바우어 부인(의 말)을 잘 이해한다.

② **분리동사**: 단일 동사에서 분리 전철이 문장의 끝자리로 옮겨 가는 동사.

※ 분리 전철: 8개의 비분리 전철을 제외한 모든 전철. 여기에는 전치사, 부사, 형용사, 명사, 동사 등의 다양한 품사로 구성된다. 강세가 있으며, 현재, 과거, 명령에서 분리된다.

Der Zug fährt von Köln ab. 기차는 쾰른에서 출발한다.

Der Zug kommt in Frankfurt an. 기차는 프랑프푸르트에 도착한다.

Karl steigt in Hamburg ein. 카알은 함부르크에서 승차한다.

Kommst du mit? 함께 가겠니?

Du siehst heute schön aus. 너는 오늘 멋있게 보인다.

Was hast du am Wochenende vor? 너는 주말에 무슨 계획이 있니?

심화학습

분리 전철은 부문장이나 화법조동사, 과거분사에서는 분리되지 않는다.

Der Zug kommt in Frankfurt an.

→ ~~~, weil der Zug in Frankfurt ankommt.(부문장)

Der Zug kommt in Frankfurt an.

→ Der Zug muss in Frankfurt ankommen.(화법조동사)

Der Zug kommt in Frankfurt an.

→ Der Zug ist in Frankfurt angekommen.(과거분사)

A 다음 밑줄 위에 알맞은 것을 골라 넣으시오.

1 Er _____ morgen nach Berlin und _____ dort seinen Freund.

① fahrt, trefft　　② fährt, trifft　　③ fährt, trefft

④ fahrt, trifft　　⑤ fährt, treffen

2 Niemand in der Familie _____ diese Bücher.

① lest　　② leset　　③ liest　　④ list　　⑤ lesen

3 Wo _____ der Bus, Herr Park?

① halt　　② haltet　　③ hälter　　④ hält　　⑤ hältet

4 Die Katze _____ eine Maus.

① fangt　　② fanget　　③ fängt　　④ fängst　　⑤ fänget

5 Wo _____ man ein Taxi leicht?

① nehme　　② nehmt　　③ niehmt　　④ nimmt　　⑤ nehmen

6 Du _____ einen Gast zum Abendessen ein.

① lädest　　② lädt　　③ ladest　　④ ladst　　⑤ lädst

> **정답**　1② 2③ 3④ 4③ 5④ 6⑤

B 네모 안의 동사를 골라 알맞게 현재변화 시키시오.

> laufen,　sehen,　essen,　geben,　wissen

1 Im Garten _____ es viele schöne Blumen.

2 Der Film _____ schon vier Wochen.

3 Wann _____ ihr zu Mittag?

4 _____ du das Haus dort drüben?

5 Ich kenne ihn, aber ich _____ seinen Namen nicht.

정답   1 gibt   2 läuft   3 esst   4 Siehst   5 weiß

C 주어진 동사를 현재형으로 알맞게 밑줄 위에 쓰시오.

1 Herr Kim _____ Deutsch sehr gut. (sprechen)

2 Die Lehrerin _____ dem Schüler ein Heft. (geben)

3 In der Nacht _____ der Bruder einen Schlafanzug.
(tragen)

4 Der Spieler _____ den Ball mit dem Fuß. (stoßen)

5 Das Kind _____ den Kugel ins Wasser. (werfen)

정답   1 spricht   2 gibt   3 trägt   4 stößt   5 wirft

해석 연습

In-ho: Ist das dein Freund?

Peter: Ja, das ist mein Freund.

In-ho: Wie heißt er?

Peter: Er heißt Hans. Er spielt gern Fußball.

Spielst du auch gern Fußball?

In-ho: Ja, ich spiele auch gern Fußball.

Yu-mi: Ist das deine Schwester?

Peter: Nein, das ist meine Freundin.

Yu-mi: Wie heißt sie?

Peter: Sie heißt Inge. Sie schwimmt gern.

Schwimmst du auch gern?

Yu-mi: Nein, ich schwimme nicht gern.

In-ho: Wer ist das, Peter?

Peter: Das ist meine Schwester. Sie heißt Anna.

Yu-mi: Ist sie Schülerin?

Peter: Nein, sie ist Studentin. Sie studiert Medizin.

Sie kocht gern. Kochst du auch gern?

In-ho: Nein, ich koche nicht gern.

Yu-mi: Wer ist das?

Peter: Das ist Klaus. Er hört gern Musik.

Was machst du gern, Yu-mi?

Yu-mi: Ich koche gern.

Wörter und Phrasen

machen 만들다, 하다; **du** 너; **gern** 즐겨, 기꺼이; **das** 이것, 이분, 그것, 그분;
mein(e) 나의; **die Schwester** 여동생, 누이; **kochen** 요리하다; **der Freund** 친구;
spielen 놀다, 놀이하다; **der Fußball** 축구; **dein** 너의; **auch** 또한; **heißen** ～라고
불리다; **schwimmen** 수영하다; **die Freundin** 여자친구; **wer** 누구; **sie** 그녀; **die
Schülerin** 여학생; **die Studentin** 여대생; **studieren** 전공하다, 대학에 다니다; **die
Medizin** 의학; **hören** 듣다; **die Musik** 음악

4-2. Die Reise(여행)

Minho fährt erst zum Incheon-Flughafen. Er nimmt dann ein Flugzeug. Wohin fliegt das Flugzeug? Es fliegt nach Frankfurt. Es fliegt sehr schnell. Wo landet das Flugzeug? Es landet in Frankfurt. Dort macht Minho eine Stadt-Rundfahrt. Was nimmt er? Er nimmt einen Bus. Der Bus fährt langsam. Minho besucht das Goethe-Haus und die Universität Frankfurt. Sie sind alt. Die Rundfahrt dauert lange, so hat er wenig Zeit. Er nimmt ein Taxi und fährt zum Hauptbahnhof. Der Zug fährt von Frankfurt über Kassel, Göttingen, Hannover nach Hamburg. Endlich hält er in Hamburg.

민호는 먼저 인천공항으로 간다. 그리고선 한 비행기를 탄다. 그 비행기는 어디로 날아가는가? 비행기는 프랑크푸르트로 간다. 비행기는 매우 빨리 날아간다. 비행기는 어디에서 착륙하는가? 그것은 프랑크푸르트에 착륙한다. 거기서 민호는 시티투어를 한다. 그는 무엇을 타는가? 그는 버스를 탄다. 그 버스는 천천히 운행한다. 민호는 괴테 하우스와 프랑크푸르트 대학을 방문한다. 두 곳 모두 오래되었다. 시티투어는 오래 걸린다. 그래서 그는 시간이 별로 없다. 민호는 택시를 타고 중앙역으로 간다. 기차는 프랑크푸르트에서 출발하여 카셀, 괴팅엔, 하노버를 경유하여 함부르크로 간다. 마침내 민호는 함부르크에 도착한다.

△ 하노버: 니더작센(Niedersachsen) 주의 수도

5. 인칭대명사

인칭대명사란 동일한 명사가 문장에서 반복되는 것을 피하기 위해 사용되는 대명사를 말한다. 명사가 단수 복수에서 격변화하는 것처럼 인칭대명사도 격변화한다.

1) 인칭대명사의 격변화

	단수					복수			존칭
1격	ich	du	er	sie	es	wir	ihr	sie	Sie
2격	meiner	deiner	seiner	ihrer	seiner	unser	euer	ihrer	Ihrer
3격	mir	dir	ihm	ihr	ihm	uns	euch	ihnen	Ihnen
4격	mich	dich	ihn	sie	es	uns	euch	sie	Sie

[주의] 1격은 주어로 사용되고, 3격은 간접목적어, 4격은 직접목적어로 사용되는 것은 영어와 똑같다. 하지만 2격은 영어와 달리 소유의 뜻이 전혀 없음에 주의해야 한다. 2격은 특수한 환경(2격 지배 동사, 2격 지배 형용사, 2격 지배 전치사의 목적어)에서만 사용된다. 그러니까 독일어의 인칭대명사는 1격은 주어이고, 2, 3, 4격은 목적어인 셈이다.

Du gehst morgen in die Schule.(1격. **너는** 내일 학교에 간다.)

Wir warten auf dich.(1격, **우리는** 너를 기다린다.)

Meine Großeltern gedenken deiner.

(2격, 나의 조부모님은 **너를** 기억하고 있다.)

Der Lehrer erklärt uns den Satz.

(3격, 선생님은 **우리에게** 문장을 설명한다.)

Wie geht es Ihnen? Es geht mir gut.

(3격, 어떻게 지내나요? 저는 잘 지내고 있어요.)

Ich liebe dich.(4격, 나는 **너를** 사랑한다.)

Wo wohnst **der Mann**?(그 남자는 어디에 살고 있니?)
Er wohnt jetzt in München.(그는 지금 뮌헨에 살고 있어.) (남성1격)

Brauchst du heute **das Auto**?(너는 오늘 자동차를 필요로 하니?)
Ja, ich brauche **es**.(응, 나는 그것이 필요해.) (중성4격)

Was schenkst du **deiner Freundin**?
(너는 네 여자친구에게 무엇을 선물하니?)
Ich schenke **ihr** eine Uhr.(나는 그녀에게 시계를 선물해.) (여성3격)

2) 인칭대명사의 어순
한 문장에서 인칭대명사는 항상 명사보다 앞에 위치한다. 그리고 대명사는 항상 4격이 3격보다 앞에 위치한다.
명사일 경우: 1격＋3격＋4격
대명사일 경우: 1격＋4격＋3격
함께 사용될 경우: 인칭대명사＋명사

Schenkt die Mutter ihrem Sohn das Buch?
(그 엄마는 자기 아들에게 그 책을 선물하는가?)
Sie schenkt es ihm.
Sie schenkt ihm das Buch.
Sie schenkt es ihrem Sohn.

3) 인칭대명사와 전치사

인칭대명사가 전치사와 함께 쓰일 때 축약해서 **da(r)**＋전치사로 사용한다. 하지만 사람을 나타내는 인칭대명사일 경우에는 축약하지 못한다.

전치사＋사람: 전치사＋인칭대명사

전치사＋사물: **da(r)**＋전치사

Wartest du auf den Taxi?(너는 택시를 기다리니?)

Ja, ich warte darauf.(응, 나는 그것을(택시를) 기다리고 있어.)

Wartest du auf deinen Freund?(너는 네 친구를 기다리고 있니?)

Ja, ich warte auf ihn.(응, 나는 그를 기다리고 있어.)

심화학습 명사나 인칭대명사의 3격에는 다음과 같은 소유, 이해, 판단의 뜻이 있다.

① 소유의 3격

Mir schmerzt der Kopf.＝Mein Kopf schmerzt. 나는 머리가 아프다.

Das bleibt **mir** noch im Gedächtnis.＝Das bleibt noch in meinem Gedächtnis.

그것은 아직도 내 기억 속에 있다.

Sie drückt **mir** die Hände. 그녀는 내 손을 누른다.(악수한다.)

Er schlägt **mir** ins Gesicht. 그는 나의 얼굴을 때린다.

cf) 동작에 치중할 때는 '4격＋전치사＋정관사가 붙은 명사'도 가능하다.

Er schlägt **mich** ins Gesicht. 그는 나의 얼굴을 때린다.

Ich schlage **ihn** auf den Kopf. 나는 그의 머리를 때린다.

Sie fassen **mich** bei der Hand. 당신은 내 손을 잡는다.

② 이해의 3격: 이때는 für+4격의 뜻이 된다.

Öffnen Sie **den Kunden** die Tür! 고객들을 위해 문을 열어주십시오!

Die Hausarbeit ist **mir** zu schwer. 과제물은 나에게 너무 어렵다.

③ 판단의 3격

Wir sind **ihr** nur Kinder. 그녀의 생각으로는 우리는 단지 어린애다.

Karl ist **mir** ein guter Freund. 칼은 내가 생각하기에 좋은 친구다.

A 다음 밑줄 위에 알맞은 것을 골라 넣으시오.

1 Die Jacke passt _____ sehr gut.

① sie   ② ihrer   ③ ihr   ④ ihn   ⑤ dich

2 Müllers haben zwei Kinder. Ich bringe _____ Schokolade mit.

① ihnen   ② ihm   ③ sie   ④ es   ⑤ ihr

3 Hier bin ich. Sehen Sie _____ denn nicht?

① mir   ② mich   ③ mein   ④ meinen   ⑤ meiner

4 Wie geht es _____? Danke, es geht _____ gut.

① Ihnen, mir   ② Sie, mich   ③ Ihr, mir

④ ihrer, meiner   ⑤ Ihnen, mich

5 Gefällt _____ die Uhr?

① du   ② deiner   ③ deines   ④ dich   ⑤ dir

6 Hilft er _____ Freundin? Ja, er hilft _____

① die, sie   ② der, sie   ③ die, ihr

④ der, ihr   ⑤ die, ihrer

정답   1 ③   2 ①   3 ②   4 ①   5 ⑤   6 ④

B 다음 밑줄 위에 알맞은 인칭대명사를 넣으시오.

1 Dankt der Schüler der Lehrerin? Ja, er dankt _____

2 Antwortet der Lehrer dem Schüler? Ja, er antwortet

_____

3 Gehören die Bücher der Dame? Ja, sie gehören _____

4 Fragt der Student den Professor? Ja, er fragt _____

5 Ist der Brief für meine Schwester? Ja, er ist für _____

6 Wartet Herr Müller auf seine Freunde? Ja, er wartet auf _____

7 Wartet Frau Müller auf das Essen? Ja, sie warte _____

8 Schreibst du mit dem Bleistift? Ja, ich schreibe _____

9 Spricht er über die Reise? Ja, er spricht _____

10 Zeigen Sie dem Freund das Rathaus? Ja, ich zeige _____
_____

11 Schenkst du deiner Frau den Koffer? Ja, ich schenke _____
_____

> **정답** 1 ihr 2 ihm 3 ihr 4 ihn 5 sie 6 sie 7 darauf 8 damit
> 9 darüber 10 es, ihm 11 ihn, ihr

C 네모 안의 동사를 골라 알맞게 현재변화 시키시오.

> besuchen, fernsehen, sammeln, ankommen, vorhaben

1 Er _____ Briefmarken.

2 Was _____ ihr am Freitag _____?

3 Die Tochter _____ oft ihre Eltern.

4 Der Zug _____ um 11 : 30 Uhr in Berlin _____

5 Erika und Hans sitzen vor dem Fernseher und _____ den
ganzen Tag _____

> **정답** 1 sammelt 2 habt, vor 3 besucht 4 kommt, an 5 sehen, fern.

해석 연습

5-1. 간단 회화 — Die Vorstellung(소개)

Herr: Ist der Platz noch frei?

In-ho: Ja, bitte nehmen Sie Platz!

Herr: Danke schön!

In-ho: Ich heiße Kim In-ho.

Yu-mi: Ich heiße Han Yu-mi. Wie heißen Sie?

Herr: Ich heiße Pedro Santos.

Yu-mi: Woher kommen Sie?

Herr: Ich komme aus Spanien. Und ihr? Woher kommt ihr?

In-ho: Wir kommen aus Korea. Was machen Sie in Deutschland?

Herr: Ich arbeite hier. Arbeitest du auch?

In-ho: Nein, ich arbeite nicht. Ich lerne Deutsch.
Und wo wohnen Sie in Spanien?

Herr: Ich wohne in Madrid. Wohnt ihr in Seoul?

Yu-mi: Ja, wir wohnen in Seoul.

Herr: Yu-mi, was ist dein Vater von Beruf?

Yu-mi: Mein Vater ist Arzt.

Herr: Arbeitet deine Mutter auch?

Yu-mi: Ja, sie ist auch Ärztin.

Herr: In-ho, was machen deine Eltern?

In-ho: Mein Vater ist Lehrer. Meine Mutter ist auch Lehrerin.

* **각국의 언어**

Englisch Deutsch Französisch Chinesisch Japanisch
Koreanisch Spanisch Italienisch

Wörter und Phrasen

wo 어디에; **woher** 어디에서; **wohin** 어디로; **kommen** 오다; **aus** ...에서(안에서 밖으로); **in** ...안에, ...안으로; **wohnen** 살다; **dein** 너의; **der Vater** (↔ **Mutter**) 아버지; **von** ...로부터, ...의, ...에 관해; **der Beruf** 직업; **der Arzt** 남자의사, **die Ärztin** 여자의사; **der Platz** 자리, 좌석; **noch** 아직, 또; **frei** (↔ **besetzt**) 빈; **bitte** 좀, 제발, 실례지만; **nehmen** 집다, 이용하다, 복용하다; **Nehmen Sie Platz!** 자리에 앉으세요!; **Danke schön!** 대단히 감사합니다!; **ihr** 너희들; **machen** 하다, 만들다; **arbeiten** 일하다, 공부하다; **lernen** 배우다; **Deutsch** 독일어; **hier** (↔ **dort**) 여기; **der Lehrer** 선생님; **die Eltern** 부모님

Der Lehrer diktiert einen Satz: "Asien ist groß, aber Europa ist klein."
Die Schüler schreiben den Satz. Minho Yun fragt den Lehrer: "Was heißt
klein, bitte. Ich verstehe das Wort nicht." Der Lehrer erklärt das Wort
nicht, sondern er schreibt ein Beispiel an die Tafel:

Das Kind ist klein.

Die Schüler lernen viele Wörter und bilden Sätze. Aber sie machen noch
viele Fehler. Der Lehrer verbessert die Fehler.
Der Unterricht dauert eine Stunde. Dann sagt der Lehrer: "Der Unterricht
heute ist aus. Auf Wiedersehen!" Die Schüler schließen die Bücher und
die Hefte und gehen nach Haus.

선생님은 한 개의 문장을 받아쓰게 한다. "아시아는 크다. 하지만 유럽은 작다."
학생들은 그 문장을 쓴다. 윤민호는 선생님께 질문한다. "klein이 무슨 뜻이에요?
저는 그 단어가 이해가 안 돼요." 선생님은 그 단어의 뜻을 설명하지 않고 대신에
칠판에 예문을 하나 쓴다.

아이는 작다

학생들은 많은 단어를 배우고 문장을 만들어 본다. 하지만 그들은 여전히 많은
실수를 한다. 선생님은 그 잘못을 개선시킨다.
수업은 한 시간 지속된다. 그리고 나서 선생님은 이렇게 말한다. "오늘 수업 끝.
안녕!" 학생들은 책, 공책을 덮고 집으로 향한다.

6. 소유대명사, 명령법

1) 소유대명사

초급독일어를 공부하면서 가장 어려워하는 부분이다. 간단하게 말하자면, 독일어의 소유대명사는 영어의 소유격이다. 즉, 소유대명사는 영어의 소유격과 같아서 '소유관사'라고 얘기하는 문법책도 있긴 하다. '나의, 너의, 그의...' 등등 소속, 소유를 나타내며 주로 명사를 수식하는 부가어적 용법으로 사용되지만, 때로는 명사적 용법으로 사용되기도 한다.

① 소유대명사의 종류

	인칭대명사	소유대명사	뜻
단수	ich	mein	나의
	du	dein	너의
	er/sie/es	sein/ihr/sein	그의/그녀의/그것의
복수	wir	unser	우리들의
	ihr	euer	너희들의
	sie(Sie)	ihr(Ihr)	그들의(당신의)

② 소유대명사의 부가어적 용법

성이 다른 명사를 예로 들어 격변화를 시켜보면 다음과 같다.

	m.	f.	n.	pl.
1격	mein Freund	meine Frau	mein Kind	meine Leute
2격	meines Freundes	meiner Frau	meines Kindes	meiner Leute
3격	meinem Freund	meiner Frau	meinem Kind	meinen Leuten
4격	meinen Freund	meine Frau	mein Kind	meine Leute

소유대명사의 격변화는 부정관사의 격변화와 동일하지만, 복수에서는

정관사의 변화를 따른다. 왜냐하면 부정관사의 격변화에서는 복수명사 격변화가 없기 때문이다.

Mein Freund wohnt in Busan. 나의 친구는 부산에 산다.

Das Haus meines Freundes liegt gegenüber dem Bahnhof.

내 친구의 집은 역 건너편에 있다.

Der Schüler hilft meiner Frau.

그 학생은 내 부인을 돕고 있다.(여성3격)

Ich besuche meine Eltern einmal pro Woche.

나는 매주 한 번 부모님을 방문한다.(복수4격)

③ 소유대명사의 명사적 용법

소유대명사가 명사적으로 사용될 때, 즉 소유대명사 뒤에 오는 명사가 생략되는 경우에 남성1격에는 어미 -er, 중성1,4격에는 어미 -(e)s가 온다. 그 외에는 소유대명사의 부가어적 용법의 어미와 같다.

Wem gehört **der Mantel**? 그 외투는 누구의 것이냐?

Das ist mein**er**. 그것은 나의 것이다.(남성1격)

Wem gehört **die Brille**? 그 안경은 누구의 것이냐?

Das ist sein**e**. 그것은 그 남자의 것이다.(여성1격)

Ist das **dein Auto**? 이것이 네 자동차이니?

Nein, das ist **ihr(e)s**. 아니, 이것은 그녀의 자동차야.(중성1격)

2) **명령법**

일반적으로 우리가 명령을 할 수 있는 상대는 3가지가 있다고 할 수 있다. 너, 너희들, 당신(들). 이것을 문법적으로 얘기해서 2인칭 단수 (du), 복수(ihr)와 역시 2인칭인 존칭(Sie)에 대하여 명령, 부탁, 요구하는 것을 명령법이라 한다. 명령문은 현재인칭형으로 만들며, 느낌표로 끝나야 한다.

① 명령문: du에 대한 명령형

du에 대한 명령형은 단수 2인칭의 현재인칭변화에서 **동사의 어간만을** 사용하여 만든다. 'du'는 생략된다.

Du sagst die Wahrheit. ➡ Sag die Wahrheit!(진실을 말하라!)

Du gibst mir die Karte. ➡ Gib mir die Karte!(카드를 나에게 줘!)

※ 현재인칭변화에서 사용된 움라우트는 du에 대한 명령형에서는 사라진다.

Du fährst schnell. ➡ Fahr (doch) schnell!

※ sein 동사의 du에 대한 명령형은 'Bist......'가 아니라 'Sei...'이고, haben 동사의 du에 대한 명령형은 'Hast...'가 아니라 'Hab'이다.

Du bist ruhig. ➡ Sei (bitte) ruhig!

Du hast keine Angst. ➡ **Hab** (doch) keine Angst!

② 명령문: ihr에 대한 명령형

ihr에 대한 명령형은 복수 2인칭의 현재인칭변화에서 **동사를 그대로** 사용하여 만든다. 'ihr'는 생략된다.

Ihr sagt die Wahrheit. ➡ Sagt die Wahrheit!

Ihr gebt mir die Karte. ➡ Gebt mir die Karte!

③ 명령문: Sie에 대한 명령형

존칭 Sie에 대한 명령형은 동사 어간에 어미 -en을 붙여서 만든다. 'Sie'는 생략하지 않는다. 따라서 Sie에 대한 명령형은 대부분의 경우 Sie의 현재인칭변화형과 똑같다.

Sie sagen die Wahrheit. → Sagen Sie die Wahrheit!

Sie geben mir die Karte. → Geben Sie mir die Karte!

심화학습

※ 어간이 -el/er이나 -d/t/n/ig로 끝난 동사는 'du'에 대한 명령에서 e를 덧붙인다.

Warte auf mich! 나를 기다려라!

Öffne das Fenster 창문을 열어라!

Klingle dreimal! 세 번 벨을 울려!

※bitte, doch, nur, mal 등은 명령을 부드럽게 하거나 강하게 한다.

Nehmen Sie bitte Platz! 자리에 앉으시지요!

Gib mir mal die Karte! 카드를 제게 주시지요!

※분리동사의 경우에는 분리전철이 문장 끝에 나타난다.

aufstehen: Stehen Sie ...... auf!

ausfüllen: Füllen Sie ...... aus!

이상에서 동사의 명령형 전체를 하나의 표로 나타내면 다음과 같다.

부정형	du	ihr	Sie
kommen	komm......!	kommt.....!	kommen Sie.....!
sagen	sag......!	sagt.....!	sagen Sie.....!
fahren	fahr......!	fahrt.....!	fahren Sie.....!
halten	halt......!	haltet.....!	halten Sie.....!
geben	gib......!	gebt.....!	geben Sie.....!
helfen	hilf......!	helft.....!	helfen Sie.....!
sehen	sieh......!	seht.....!	sehen Sie.....!
nehmen	nimm......!	nehmt.....!	nehmen Sie.....!
sein	sei......!	seid.....!	seien Sie.....!
haben	hab......!	habt.....!	haben Sie.....!

A 다음 _____에 알맞은 소유대명사를 넣으시오.

1 Ich habe eine Uhr. Das ist _____ Uhr.

2 Du hast ein Buch. Das ist _____ Buch.

3 Du hast viele Bücher. Das sind _____ Bücher.

4 Ist das _____ Auto, Peter? Nein, das hier ist _____ Auto.

5 Die Dame kauft einen Koffer. Das ist _____ Koffer.

6 Das Kind hat einen Ball. Das ist _____ Ball.

7 Der Student besucht am Nachmittag _____ Vorlesungen.

8 Meine Freundin raucht nicht. Zigaretten schaden _____ Gesundheit.

정답 1 meine 2 dein 3 deine 4 dein, mein 5 ihr 6 sein 7 seine 8 ihrer

B 다음 밑줄 위에 알맞은 것을 골라 넣으시오.

1 Ein Herr schreibt _____ Freund _____ Brief.

① seinem, eine   ② seinem, einen   ③ seiner, einer

④ seinen, einen   ⑤ seines, einem

2 Mein Freund geht mit _____ Söhnen auf _____ Land.

① seinem, dem   ② seinen, dem   ③ seinem, das

④ seinen, das   ⑤ seines, das

3 Dein Kuli schreibt nicht. Nehmen Sie _____!

① meine   ② meines   ③ mein

④ meinen   ⑤ meiner

4 Ist das dein Auto? Ja, das ist _____

① meins   ② mein   ③ meiner

④ der meine   ⑤ der meinige

5 Ist das ihr Regenschirm? Ja, das ist _____

① ihr   ② ihre   ③ ihrer   ④ ihres   ⑤ ihrem

6 Herr Müller, _____ doch mal darüber!

① sprich   ② spreche   ③ sprecht

④ sprechen   ⑤ sprechen Sie

7 Hans, _____ das Buch noch einmal!

① lies   ② lese   ③ lest   ④ liese   ⑤ lesen

8 _____ das Auto langsam!

① Fähr   ② Fährt   ③ Fahr   ④ Fährst   ⑤ Fahren

9 _____ mal viel Obst, Peter!

① Esse   ② Ess   ③ Iss   ④ Isst   ⑤ Essen

연습문제

10 _____ mal das Auto hier an!

① Hältet ② Hält ③ Hälte ④ Haltet ⑤ Halt

11 Bitte, seien _____ nicht böse auf mich!

① sie ② du ③ Sie ④ ihr ⑤ er

정답 1② 2④ 3④ 4① 5③ 6⑤ 7① 8③ 9③ 10⑤ 11③

C 문장 끝에 있는 동사를 이용해서 명령문을 만드시오.(du와 ihr명령문)

1 _____ mir mal die Karte!(geben)

2 _____ doch keine Angst!(haben)

3 _____ bitte an die Tafel!(kommen)

4 _____ doch Rücksicht auf deine Schwester!(nehmen)

5 _____ doch nicht so ungeduldig!(sein)

6 _____ den Aufzug da und _____ im 4.

Obergeschoss _____ !(nehmen, aussteigen)

정답 1 Gib, Gebt 2 Hab, Habt 3 Komm, Kommt 4 Nimm, Nehmt
5 Sei, Seid 6 Nimm/steig/aus, Nehmt/steigt/aus

해석 연습

Rauchen

Rauchen ist ungesund, das wissen heute alle. Aber Rauchen schadet nicht nur dem Raucher, sondern auch dem Nichtraucher, denn er raucht passiv mit. Und wem nützt das Rauchen? Es nützt der Industrie, denn sie produziert Zigaretten, dem Handel, denn er verkauft sie, der Werbung, denn sie macht Reklame und dem Staat, denn er kassiert die Steuern. Experten raten den Rauchern: Rauchen Sie weniger! Rauchen Sie nicht schon am Morgen. Wenn Sie Zigaretten kaufen, kaufen Sie immer nur eine Schachtel, und wenn Ihnen jemand eine Zigarette anbieten will, lehnen Sie höflich ab! Sagen Sie: "Nein, danke, jetzt nicht, vielleicht später."

흡연

흡연은 건강에 해롭다. 오늘날 모두 그것을 안다. 그러나 흡연은 흡연자뿐만 아니라 비흡연자에게도 해롭다. 왜냐하면 그가 수동적으로 함께 담배를 피우게 되기 때문이다. 그러면 흡연은 누구에게 이로운가? 그것은 담배를 생산해 내기 때문에 담배 공장에 이롭고, 담배를 팔기 때문에 담배 가게에 이롭고, 선전하기 때문에 광고 산업에 이롭고, 세금을 거두기 때문에 국가에 이롭다. 전문가들은 "담배를 줄이시오. 아침부터 피우지 말고 담배를 살 때면 언제나 한 갑만 사고 누군가 담배를 권하면, '고맙지만 지금은 안 피우겠습니다. 나중에는 혹시 모르지만요'라고 말하고 정중히 거절하십시오."라고 흡연자들에게 충고한다.

△ 브레멘: 주(州)이면서 도시

7. 재귀동사, 재귀대명사

재귀(再歸)동사란 주어의 행위가 주어 자신을 대상으로 하는 동사, 즉 주어 자체에서 나온 동작이 주어 자신으로 되돌아가는 것을 나타내는 동사이다. 이때 재귀동사의 목적어로 쓰여서 주어와 같은 사람 또는 사물을 가리키는 대명사를 재귀대명사라고 한다. 그러니까 재귀동사와 재귀대명사는 한 세트처럼 등장하는 것이다. 더 쉽게 말하면, 한 문장 중의 주어와 목적어가 똑같은 사람 또는 사물을 나타낼 때 목적어 대신에 재귀대명사를 사용하는 것이다.

1) 재귀대명사의 형태

	ich	du	er/sie/es	wir	ihr	sie	Sie
3격	mir	dir	**sich**	uns	euch	**sich**	**sich**
4격	mich	dich	**sich**	uns	euch	**sich**	**sich**

Ich setze ihn auf einen Stuhl.(나는 그를 의자 위에 앉힌다.)

Er setzt mich auf einen Stuhl.(그는 나를 의자 위에 앉힌다.)

Ich setze mich auf einen Stuhl.(재귀동사)

(나는 나를 의자 위에 앉힌다. ⇨ 나는 의자에 앉는다.)

Er setzt sich auf einen Stuhl.(재귀동사)

(그는 자신을 의자 위에 앉힌다. ⇨ 그는 의자에 앉는다.)

Ich wasche dem Kind die Hände.(재귀동사 아님)

(나는 그 아이에게 손을 씻긴다. ⇨ 나는 그 아이의 손을 씻긴다.)

Ich wasche mir die Hände.

(나는 내 손을 씻는다.)

Er wäscht dem Kind die Hände.(재귀동사 아님)

(그는 그 아이의 손을 씻긴다.)

Er wäscht sich die Hände.

(그는 (자신의) 손을 씻는다.)

1,2인칭 재귀대명사는 인칭대명사와 같고, 3인칭 재귀대명사는 sich이다. 여기서 3인칭 재귀대명사의 3격과 4격은 모두 sich이므로 문장에서 구별할 필요가 없지만 1,2인칭 재귀대명사의 3격과 4격은 달라서 각각 구별해야 한다. 그렇지만 이것도 별 어려움이 없다. 문장에서 4격목적어가 있으면 재귀대명사는 3격을 사용하고, 4격목적어가 없으면 4격을 사용한다.

2) 재귀동사의 종류

① 재귀동사로만 쓰이는 동사

sich erholen(회복하다, 휴식하다):

Im Urlaub erhole ich mich vom Alltag.

(휴가 중에 나는 일상으로부터 회복한다.)

sich beeilen(서두르다):

Beeile dich! Sonst erreichst du den Zug nicht.

(서둘러라! 그렇지 않으면 기차를 놓친다.)

sich verabreden(약속하다):

Wir haben uns für heute Abend verabredet, zum Tanzen.

(우리는 오늘 저녁에 만나기로 약속했어. 춤추자고.)

<u>sich bewerben</u>(지원하다, 구혼하다):

Ich möchte mich um diese Stelle bewerben.

(이 자리에 지원하고 싶다.)

<u>sich ereignen</u>(~일이 일어나다):

Es hat sich ein Unfall ereignet.(사고가 일어났다.)

<u>sich irren</u>(잘못하다, 잘못 생각하다) 등

② 재귀동사로도 쓰이는 동사: 대부분의 동사들

③ 4격 재귀대명사와 전치사를 가지는 재귀동사. ①, ②에서 공히 숙어
　　처럼 뒤따라 나오는 전치사에 유의해야 한다.

sich bedanken (bei jm.) für (누구에게) ~에 대해 감사하다

sich bemühen um ~을 얻고자 애쓰다

sich beschäftigen mit ~에 열중하다

sich beschweren über ~에 대해 불평하다

sich beteiligen an ~에 참석하다

sich bewegen um ~주위를 돌다

sich bewerben um ~에 지원하다, 구혼하다

sich eignen für ~에 적합하다

sich erholen von ~로부터 회복하다

sich erinnern an ~을 기억하다

sich freuen auf ~에 대해 기뻐하다(미래 사실)

sich freuen über ~에 대해 기뻐하다(현재 사실)

sich informieren über ~에 대해 정보를 얻다

sich interessieren für ~에 흥미가 있다

sich kümmern um ~에 신경을 쓰다, ~을 걱정하다

sich unterhalten (mit jm.) über (누구와) ~에 대해 얘기를 나누다

sich verabreden mit ~와 약속하다

sich verlassen auf ~을 믿다, 신뢰하다

3) 상호대명사

주어가 복수일 때 '서로(einander)'라는 의미로 사용되는 재귀대명사.

Er liebt sie und sie liebt ihn. Sie lieben **sich**.

(그들은 서로 사랑한다.)

Wir lieben uns. = Wir lieben einander.(우리는 서로 사랑한다.)

Sie kennen sich gut. = Sie kennen einander gut.

(그들은 서로 잘 안다.)

Wann/Wo treffen wir **uns**? (우리 언제/어디서 만나지?)

심화학습

재귀대명사의 위치는 도치법과 후치법에서 명사(주어)보다 앞에 온다.

Hat er **sich** erkältet? 그는 감기에 걸렸는가?

Hat **sich** der Student erkältet? 그 대학생은 감기에 걸렸는가?

Ich weiß, dass er **sich** erkältet hat.

Ich weiß, das **sich** deine Freundin erkältet hat.

A 다음 밑줄 위에 알맞은 것을 골라 넣으시오.

1 Warum kümmern Sie sich _____ Ihren Sohn?

① um   ② an   ③ für   ④ mit

2 Der Student beschäftigt sich _____ der deutschen Sprache.

① mit   ② über   ③ an   ④ auf

3 Ich verlasse mich _____ ihr Versprechen.

① an   ② auf   ③ mit   ④ für

4 Darf ich _____ hier setzen?

① meiner   ② mein   ③ mich   ④ mir

5 Ich erinnere mich _____ meine Jugend.

① auf   ② für   ③ mit   ④ an

6 Vor dem Essen wasche ich _____

① mir die Hände   ② mir den Händen

③ mich die Hände   ④ mich den Händen

7 Ich freue _____ _____ den Brief.

① mir, über   ② mich, über

③ mir, von   ④ mich, von

8 Ich freue _____ _____ die kommenden Ferien.

① mir, auf   ② mich, auf

③ mir, an   ④ mich, an

9 Morgens zieht man sich _____, abends zieht man sich

_____

① an, aus   ② aus, an   ③ aus, zu   ④ zu, an

정답   1① 2① 3② 4③ 5④ 6① 7② 8② 9①

B 알맞은 재귀대명사를 넣으시오.

1 Setzen Sie _____ auf das Sofa!

2 Rasierst du _____ jeden Morgen?

3 Ich bin 75 Jahre alt und fühle _____ seit dem Tod meiner Frau sehr einsam.

4 Was kaufst du _____? Ich kaufe _____ eine Uhr.

5 Was kauft _____ Karl? Er kauft _____ ein Buch.

6 Ich interessiere _____ für Soziologie.

7 Du hast _____ zum Geburtstag eine Kamera gewünscht.

8 Ich kann _____ nicht vorstellen, dass das richtig ist.

정답   1 sich   2 dich   3 mich   4 dir, mir   5 sich, sich   6 mich   7 dir   8 mir

Wahre Freundschaft

Zwei Jäger gingen durch den Wald. Da sahen sie plötzlich vor sich einen großen Bären. Der kam direkt auf sie zu. Da kletterte der eine schnell auf einen Baum. Der andere konnte nicht so schnell klettern, aber sein Freund half ihm nicht. Er traute sich auch nicht zu schießen.

Der Bär war schon ganz nahe, da legte sich der Mann auf den Boden und rührte sich nicht. Er traute sich auch nicht mehr zu atmen. Der Bär kam und beschnupperte ihn von allen Seiten, und dabei brummte er leise. Schließlich aber ging er weiter. Langsam erholte sich der Jäger von seinem Schrecken und stand auf. Als auch sein Freund wieder vom Baum herunterkam, sagte er zu ihm:

"Weißt du, was mir der Bär ins Ohr geflüstert hat?"

"Was denn?" wollte der andere wissen.

"Geh nur mit wahren Freunden auf die Jagd!"

진정한 우정

두 사냥꾼이 숲을 가로질러 걸어가고 있었다. 그때 갑자기 그들 앞에 한 마리 커다란 곰이 있음을 그들은 보았다. 그 곰은 그들을 향해 바로 다가왔다. 그러자 사냥꾼 한 명은 재빠르게 나무 위로 올라갔다. 다른 사냥꾼 한 명은 그렇게 재빨리 오를 수가 없었다. 그렇지만 그의 친구는 그를 도와주지 않았다. 그는 또한 감히 총을 쏠 수도 없었다.

그 곰은 벌써 아주 가까이 다가왔다. 그때 그 남자는 땅바닥에 드러누웠고 꼼짝도 하지 않았다. 그는 감히 더 이상 숨을 쉴 수도 없었다. 곰은 다가와 (코를 킁킁거리며) 모든 방향에서 그 남자의 냄새를 맡았다. 그리고 곰은 나지막하게 으르렁거렸다. 결국 곰은 가던 길을 계속 갔다. (땅에 드러누워 있던) 그 사냥꾼은 끔찍한 공포에서 천천히 회복하였고 바닥에서 일어났다. (나무 위에 올라갔던) 그의 친구 또한 나무에서 다시 내려왔을 때, 그는 그 친구에게 말했다.

"그 곰이 나에게 뭐라고 속삭였는지 아니?"

"대체 뭐라고 그랬는데?" 그 친구는 알고 싶어 했다.

"사냥을 하러 갈 때는 진정한 친구들과만 가도록 하라!"

△ 슈투트가르트: 바덴-뷔르템베르크(Baden-Württemberg) 주의 수도

8. 전치사

영어의 전치사는 간단하다. for me, from her, to him처럼 전치사 뒤에 목적격이 오기만 하면 된다. 하지만 독일어에서는 약간 복잡하다. 전치사 뒤에 3격이 올 수도 있고 4격이 올 수도 있고, 심지어 2격이 올 수도 있기 때문이다. 이것을 "전치사의 격지배"라고 하며, 그 종류로는 네 가지 (2격 지배 전치사, 3격 지배 전치사, 4격 지배 전치사, 3, 4격 지배 전치사)가 있다.

1) 3격 지배 전치사

aus ~에서 (나와), bei ~곁에, mit ~와 함께, nach ~후에, ~향하여, seit ~이후로, von ~로부터, ~의, zu ~(에게)로, gegenüber ~맞은편에

aus

Sie kommt aus Korea.(출신, 유래)

그녀는 한국에서 왔다.

Er geht aus dem Haus. (~로부터, ~에서)

그는 집 밖으로(집으로부터) 나간다.

bei

Beim Lesen braucht er eine Brille.(~할 때)

글을 읽을 때 그는 안경을 필요로 한다.

Wollen Sie bei mir zu Mittag essen?(~집에서)

내 집에서 점심식사를 하시겠습니까?

mit

Julia kommt mit ihrem Freund. (함께)

율리아는 그녀의 남자친구와 함께 간다.

Die Touristen fahren mit dem Bus zum Bahnhof. (수단)

관광객들은 버스를 타고 역으로 간다.

nach

Nach dem Abendessen gehen sie spazieren. (~후에)

저녁식사 후에 그들은 산책을 한다.

Ich fahre morgen nach Deutschland. (~향하여)

나는 내일 독일로 간다.

Meiner Meinung nach hat er recht. (~에 의하면)

내 의견에 의하면 그가 옳다.

seit

Seit einer Woche bin ich in Düsseldorf. (~이래, 현재)

Seit einem Jahr studierte der Junge in Berlin. (~이래, 과거)

von

Die Briefe sind von meinem Vater. (~로부터)

그 편지들은 내 아버지로부터 온 것이다.

Ich komme gerade von der Schule. (~로부터, 출발지)

나는 막 학교에서 오는 길이다.

Diese Zeitung ist von heute. (~의)

이 신문은 오늘의 신문이다. (오늘 자 신문이다.)

Einer von uns kann Deutsch sprechen.(~중의, ~의)

우리들 중의 어느 한 사람이 독일어를 말할 수 있다.

zu

Wie komme ich zum Hauptbahnhof?(향하여)

중앙역으로 가는 길이 어떻게 되나요?

Ich laufe jetzt zu meinem Freund.(에게)

나는 지금 내 친구에게 달려간다.

Maria kommt zum Abendessen.(위하여)

마리아는 저녁을 먹으러 간다.

gegenüber

Die Bank liegt gegenüber dem Kaufhaus

(=dem Kaufhaus gegenüber).

은행은 백화점 건너편에 있다.

2) 4격 지배 전치사

bis ~까지, entlang ~따라서, gegen ~향하여, ~몇 시경에, ohne ~

없이, für ~을 위하여, um ~의 주위에, (정각) ~시에, durch ~를 통하

여

bis(~까지)

Fährt dieser Bus bis zur Universität?

이 버스는 대학(으로)까지 가나?

Bis nächsten Juli müssen wir die Hausarbeit erledigen.

다음 7월까지 우리는 그 논문(리포트, 과제)를 마무리해야 한다.

Zweimal bis Hamburg bitte!

함부르크행 두 장 주세요!

entlang(~을 따라서)

Diese Straße entlang geht er jeden Tag spazieren.

그는 매일 이 길을 따라서 산책을 한다.

gegen

Das Auto fährt gegen das Haus.(~향하여, 충돌, 돌진)

자동차가 그 집을 향해 돌진한다.

Gegen 7 Uhr abends kommt er in Düsseldorf an.(몇 시경에)

저녁 7시 경에 그는 뒤셀도르프에 도착한다.

Sie demonstrieren gegen die Landesregierung.(반대)

그들은 주정부에 반대한다.

ohne(~없이)

Trinken Sie Kaffee mit Zucker oder ohne Zucker?

설탕을 타서 아니면 설탕 없이 커피 마시겠어요?

Heute kommt Maria ohne ihre Kinder.

마리아는 오늘 아이들 없이 온다.

für

Ich suche ein Hotelzimmer für meine Eltern.(~을 위해)

나는 내 부모님을 위해 호텔방을 하나 찾고 있다.

Ich bin dafür.(찬성)

Karl ist sehr groß für sein Alter.(~에 비해)

칼은 나이에 비해 매우 크다.

Wir gehen für eine Woche zum Skifahren.(~동안)

우리는 일주일 동안 스키 타러 간다.

um

Die Schüler sitzen um den Tisch.(~주위에)

학생들은 책상 둘레에 앉아 있다.

Der Unterricht beginnt um 10 Uhr.(정각)

수업은 정각 10시에 시작된다.

Da kommt sie gerade um die Ecke.(~을 돌아서)

저기 그녀가 막 모퉁이를 돌아서 오고 있다.

durch(~통해서, 통과)

Er geht durch den Garten.

그는 정원을 통과해서 간다.

Das Kind läuft durch den Wald nach Hause.

그 아이는 숲을 통과하여(지나서) 집으로 뛰어간다.

3) 2격 지배 전치사

(an)statt ~대신에, trotz ~에도 불구하고, während ~하는 동안, wegen ~때문에, um~willen ~를 위하여

Statt des Vaters gehe ich dort. (아버지 대신에 내가 거기에 간다.)

Ttotz des Regens spielen sie Fußball.

(비가 오는데도 불구하고 그들은 축구를 한다.)

Während des Essens darfst du nicht sprechen.

(식사 중에 너는 말을 해서는 안 된다.)

Wegen der Krankheit kommt er heute nicht.

(병 때문에 그는 오늘 오지 않는다.)

Um des Vaters willen kaufe ich ein Buch.

(아버지를 위하여 나는 책을 한 권 산다.)

4) 3, 4격 지배 전치사

나머지 대부분 전치사들 an ~곁에(접촉), auf ~위에, in ~안에, vor ~앞에, hinter ~뒤에, neben ~옆에, über ~위에(공간 확보), unter ~아래에, zwischen ~사이에

Das Bild hängt an der Wand.(그림이 벽에 걸려 있다.)

Ich hänge das Bild an die Wand.(나는 그 그림을 벽에 건다.)

Die Teller stehen jetzt auf dem Tisch.

(그 접시가 이제 테이블 위에 있다.)

Stell die Teller auf den Tisch!(접시를 테이블 위에 두어라!)

Ich liege im Bett.(나는 침대에 누워 있다.)

Ich gehe in den Garten.(나는 정원으로 간다.)

Ein Schreibtisch steht vor dem Fenster.

(책상은 창문 앞에 놓여 있다.)

Wir stellen das Auto vor die Gagage.

(우리는 자동차를 주차장에 세운다.)

Hinter der Tür steht ein Kleiderschrank.(문 뒤에 옷장이 있다.)

Ich gehe hinter das Haus.(나는 집 뒤로 간다.)

Die Bibliothek liegt neben dem Museum.

(도서관은 박물관 옆에 위치해 있다.)

Ich stelle den Stuhl neben den Schrank.

(나는 의자를 장(欌) 위에 세워둔다.)

Die Lampe hängt über dem Tisch.

(램프는 테이블 위에 걸려 있다.)

Ich hänge die Lampe über den Tisch.

(나는 램프를 테이블 위에 걸어 둔다.)

Das Buch liegt unter dem Stuhl.(책은 의자 아래에 있다.)

Er legt das Buch unter den Stuhl.

(그는 책을 의자 아래에 놓아둔다.)

Sie sitzt zwischen mir und meinem Bruder.

(그녀는 나와 내 형 사이에 앉아 있다.)

Das Kind läuft zwischen sein Vater und seine Mutter.

(아이는 자기 아빠와 엄마 사이로 뛰어간다.)

3, 4격 지배 전치사에서 어떤 경우에 3격을 사용하고 어떤 경우에 4격을 사용하는지 질문을 많이 하는데, 간단하게 얘기하면 "움직임의 유무"이다. 움직임이 없으면 3격을 사용하고, 움직임이 있으면 4격을 사용한다. 대부분의 문법책에서는 '정지 또는 운동의 장소'에는 3격을 사용하고, '운동의 방향'일 때는 4격을 사용한다고 설명한다. 또한 독일어 문법책에서는 wo?(어디에서)에 대한 대답에는 3격을 사용하고, wohin?(어디(에)로)에 대한 대답에는 4격을 사용한다고 설명한다.

5) 전치사와 정관사의 융합

> an, in, bei, von, zu+dem=am, im, beim, vom, zum
>
> an, in, durch+das=ans, ins, durchs
>
> zu+der=zur

Beim Essen liest er Zeitung. 식사 때 그는 신문을 읽는다.

Wir gehen zum Bahnhof. 우리는 역으로 간다.

Sie geht oft ins Kino. 그녀는 자주 영화관에 간다.

※지시대명사는 전치사와 융합해서 사용하지 않는다.

Gestern war ich bei Dr. Meyer, aber zu dem Arzt gehe ich nicht mehr!

어제 나는 마이어 병원에 갔었는데, 이제 다시는 그 의사에게 가지 않을 거다! (zum Arzt ×)

심화학습 1 an, in 등이 시간 표현에 쓰일 때는 3격을 사용한다.

① an+하루 중의 때, 요일, 날짜

Er geht am Morgen ins Schwimmbad.

(그는 아침에 수영장으로 간다.)

Hast du am Freitag etwas vor?(금요일에 너는 무슨 계획이 있니?)

Ich bin am 21. Februar 1997 geboren.

(나는 1997년 2월 21일에 태어났다.)

예외 Er kommt erst spät in der Nacht. 그는 밤늦게서야 온다.)

② in+주 이상(월, 계절, 년, 세기)

In dieser Woche geht er nicht zur Schule.

(이번 주에 그는 학교에 가지 않는다.)

Sie besucht ihren Sohn im Juli.

(그녀는 7월에 자기 아들을 방문한다.)

Im Sommer ist es heiß in Korea.(여름에 한국은 덥다.)

Ich bin im Jahr(e) 1989 geboren.(나는 1989년에 태어났다.)

심화학습 2 "~(으)로, ~을 향해"를 뜻하는 전치사 nach, zu, in 구별법.

① nach: 도시와 대부분의 국가

Wir fahren nach Hamburg.(우리는 함부르크로 간다.)

Er fliegt morgen nach Italien.(그는 내일 이탈리아로 떠난다.)

② zu : 인명 또는 보통명사

Ich gehe heute Abend zu Maria.(나는 오늘 저녁 마리아에게 간다.)

Wie komme ich zum Hauptbahnhof?

(중앙역으로 가는 길이 어떻게 됩니까?)

③ in : 관사가 붙는 나라 또는 관용적

Wir wollen im Sommer in die Schweiz reisen.

(우리는 여름에 스위스로 여행하려고 한다.)

Klara will am Sonntag ins Konzert gehen.

(클라라는 일요일에 연주회에 가고자 한다.)

A 다음 밑줄 위에 알맞은 전치사를 골라 넣으시오.

1 Die Schule beginnt pünktlich _____ neun Uhr.

① um   ② in   ③ gegen   ④ an   ⑤ für

2 Was kostet eine Fahrkarte _____ Berlin?

① für   ② zu   ③ über   ④ nach   ⑤ an

3 _____ schlechten Wetters kann er nicht bergsteigen.

① Durch   ② Auf   ③ Statt   ④ Wegen   ⑤ Trotz

4 _____ schönem Wetter gehen wir spazieren.

① Bei   ② Mit   ③ Für

④ Während   ⑤ Durch

5 Entschuldigen Sie bitte, wie komme ich _____ Rathaus?

① im   ② zum   ③ zur   ④ nach   ⑤ ans

6 Sie fragt einen Passanten _____ dem Weg.

① mit   ② zu   ③ nach   ④ bei   ⑤ für

7 Wie lange dauert es _____ Fuß bis zum Hauptbahnhof?

① mit   ② in   ③ zu   ④ für   ⑤ an

8 Der Vater schickt der Tochter statt _____ ein Paket.

① der Brief   ② des Briefes   ③ dem Brife

④ den Brief   ⑤ die Briefe

9 _____ meinem Geburtstag schenken die Freunde mir die Bücher.

① An   ② Bei   ③ Mit   ④ Seit   ⑤ Zu

10 Gehst du _____ dem Bus nach Hause?

① für   ② mit   ③ bei   ④ zu   ⑤ in

정답   1①   2④   3④   4①   5②   6③   7③   8②   9⑤   10②

B 알맞은 말을 넣으시오.

1 Wir arbeiten _____ Sonntag nicht.

2 _____ Frühling fahre ich nach Hamburg.

3 Wohin gehen die Kinder? Sie gehen in _____ Garten.

4 Er fährt mit _____ Auto auf _____ Land.

5 Wann gehen Sie ins Kino? _____ Abend.

6 Mein Freund sucht die Wohnung in _____ Nähe _____ Universität.

정답   1 am   2 Im   3 die   4 dem, das   5 am   6 der, der

C 동사와 전치사를 골라 넣으시오.

> an, nach, vom, zu, dauern, fragen, suchen

1 Maria _____ das Brahms–Museum in Hamburg.

Sie _____ einen Passanten _____ dem Weg.

2 Die Bibliothek liegt nicht weit entfernt _____ Rhein.

3 Wie lange _____ es _____ Fuß bis zum Hauptbahnhof.

Es _____ zwanzig Minuten.

4 _____ der Kreuzung biegt er _____ links ab.

정답   **1** sucht, fragt, nach **2** vom **3** dauert, zu, dauert **4** An, nach

Klaus und seine Schulkameraden

Mit sechs Jahren müssen die Kinder in Deutschland in die Schule gehen. Nur am Vormittag haben sie Unterricht, am Nachmittag müssen sie Hausaufgaben machen.

Nur vier Jahre lang werden alle gemeinsam in der "Grundschule" unterrichtet. Mit zehn oder zwölf Jahren müssen sie zwischen verschidenen Schulen wählen-eine wichtige Entscheidung.

Klaus z. B. möchte Automechaniker werden. Er besucht noch fünf Jahre die "Hauptschule". Dann macht er eine "Lehre" von drei Jahren: Er lernt in einer Werkstatt, doch zweimal in der Woche muss er in die "Berufsschule" gehen.

Gisela möchte später Bankkaufmann werden. Sie besucht sechs Jahre die "Realschule" und macht dann eine Banklehre.

Michael möchte Lehrer werden. Er besucht neun Jahre das "Gymnasium". Nach dem Abitur kann er an einer Universität studieren.

Schulen und Hochschulen kosten für Schüler und Studenten nichts. Der Unterricht wird vom Staat bezahlt. Schulpolitik wird allerdings nicht in Berlin, sondern in den Hauptstädten der Länder gemacht. Zwar wird gemeinsam über Schulprobleme gesprochen und diskutiert, aber jedes Land macht seine eigenen Reformen.

클라우스와 학급 친구

독일에서는 어린이들이 6살이 되면 학교에 가야 한다. 그 아이들은 오전에만 수업을 받게 되고, 오후에는 숙제를 해야 한다. 불과 4년 동안만 모든 아이는 "그룬트슐레(초등학교)"에서 공동으로 수업을 받는다. 10살 내지 12살이 되면 그들은 여러 가지 상이한 학교들 가운데서 선택을 해야만 하는데, 그것은 중요한 결정이다.

예를 들어, 클라우스는 자동차 기계공이 되고자 한다. 그는 계속해서 5년 동안 "하웁트슐레"를 다닌다. 그런 다음 3년간의 "수습(도제)" 기간을 갖는다. 다시 말해, 그는 작업장에서 배우기는 하지만, 일주일에 두 번 "직업학교"를 다니지 않으면 안 된다.

기젤라는 나중에 은행원이 되고자 한다. 그녀는 6년간 "레알슐레"를 다니고, 그런 다음 은행 수습(은행원 교육 이수)를 받는다.

미하헬은 선생님이 되고자 한다. 그는 9년간 "김나지움"을 다닌다. '아비투어(고등학교 졸업시험)'을 마친 다음에 그는 대학에서 공부를 할 수 있다.

초중고와 대학교에서는 초중고 학생들과 대학생들에게 아무런 비용이 들지 않는다. 수업 비용은 국가에서 지급한다. 물론 학교 정책은 수도인 베를린에서가 아니라 여러 주의 수도에서 입안된다. 학교의 제반 문제에 관해서 각각의 주들은 공동으로 얘기를 나누고 토론을 한다. 하지만 각각의 주들은 자신들의 독자적인 개혁을 하는 것이다.

◉ 뒤셀도르프: 노트터라인-베스트팔렌(Nordrhein-Westfalen) 주의 수도

9. 형용사

형용사는 사람, 사물, 개념 등의 성격이나 특성을 나타내며 다음과 같이 세 가지 용법, 즉 술어적, 부사적, 부가어적으로 사용된다.

Er ist klein. (그는 키가 작다.) – 술어적 용법,

Sie läuft sehr schnell. (그녀는 매우 빨리 달린다.) – 부사적 용법.

Wer ist der junge Mann? (이 젊은 남자는 누구인가?) – 부가어적 용법

여기서 까다로운 문법은 세 번째 부가어적 용법이다. 즉, 형용사가 부가어적으로 쓰일 때 형용사는 반드시 어미변화를 해야 하는데, 이것을 '형용사의 격변화 또는 형용사의 어미변화'라고 한다. 이때 규칙에는 세 종류가 있는데, 이것을 보통 문법에서는 강변화, 약변화, 혼합변화로 구별한다.

1) 형용사의 어미변화

> 형용사+명사: **gut<u>er</u> Wein** (강변화)
>
> 정관사(류)+형용사+명사: **der gut<u>e</u> Wein** (약변화)
>
> 부정관사(류)+형용사+명사: **ein gut<u>er</u> Wein** (혼합변화)

① 강변화 – 형용사+명사: 정관사 어미변화(남성, 중성 2격 → es 대신 en)

형용사 앞에 관사가 없는 경우 형용사의 어미변화는 정관사 어미변화와 같다. 단 남성/중성 단수2격에서 어미 −es대신 −en을 사용한다.

	남성	여성	중성	복수
1격	guter Wein	schöne Musik	frisches Obst	junge Leute
2격	guten Weines	schöner Musik	frischen Obstes	junger Leute

| 3격 | gutem Wein | schöner Musik | frischem Obst | jungen Leuten |
| 4격 | guten Wein | schöne Musik | frisches Obst | junge Leute |

Wir kaufen frisches Obst. 우리는 신선한 과일을 산다.(중성4격)

Heute Abend gibt es junge Leute.

오늘 저녁에는 많은 사람이 있다.(복수4격)

Guter Wein ist sehr teuer. 좋은 와인은 매우 비싸다.(남성1격)

② 약변화 – 정관사(류)＋형용사＋명사

형용사 앞에 정관사가 오는 경우 남성/여성/중성 단수1격과 중성/여성 단수4격(남1여중14)에는 형용사에 어미 −e가 오고, 그 이외는 모두 어미 −en이 온다. 정관사 대신 dieser, jener, solcher, aller, jeder, mancher, welcher 등이 와도 마찬가지다.

		남성	여성	중성
단수	1격	der alte Mann	die junge Frau	das kleine Haus
	2격	des alten Mannes	der jungen Frau	des kleinen Hauses
	3격	dem alten Mann	der jungen Frau	dem kleinen Haus
	4격	den alten Mann	die junge Frau	das kleine Haus
복수	1격	die alten Männer	die jungen Frauen	die kleinen Häuser
	2격	der alten Männer	der jungen Frauen	der kleinen Häuser
	3격	den alten Männern	den jungen Frauen	den kleinen Häusern
	4격	die alten Männer	die jungen Frauen	die kleinen Häuser

Wer ist der alte Mann? 저 노인은 누구이신가?(남성1격)

Er wohnt in dem kleinen Haus. 그는 작은 집에 살고 있다.(중성3격)

Ich habe den Namen der jungen Frau vergessen.

나는 그 젊은 여성의 이름을 까먹었다.(여성2격)

Welche Hose möchten Sie? - Diese <u>rote</u> Hose möchte ich.

(여성1격)

당신은 어떤 바지를 좋아하세요? 이 빨간 바지를 나는 좋아합니다.

③ 혼합변화 - 부정관사(류) + 형용사 + 명사

말 그대로 혼합변화는 앞의 강변화와 약변화의 혼합이다. 다시 말해, 형용사 앞에 부정관사가 오는 경우 남성1격에는 형용사에 어미 -er, 중성 1격과 4격에는 어미 -es, 여성1격과 4격에는 어미 -e가 온다(=강변화). 그 이외의 어미는 모두 -en이다(=약변화). 부정관사처럼 어미변화하는 것에는 kein과 소유대명사(mein, dein, sein, ihr...)가 있다.

		남성	여성	중성
단수	1격	ein alter Mann	eine junge Frau	mein kleine Haus
	2격	eines alten Mannes	einer jungen Frau	meines kleinen Hauses
	3격	einem alten Mann	einer jungen Frau	meinem kleinen Haus
	4격	einen alten Mann	eine junge Frau	mein kleines Haus
복수	1격	alte Männer	junge Frauen	meine kleinen Häuser
	2격	alter Männer	junger Frauen	meiner kleinen Häuser
	3격	alten Männern	jungen Frauen	meinen kleinen Häusern
	4격	alte Männer	junge Frauen	meine kleinen Häuser

Ein <u>alter</u> Mann wartet auf ein Taxi.

한 노인이 택시를 기다린다.(남성1격)

Er hilft einer <u>jungen</u> Frau. 그는 어떤 젊은 부인을 돕는다.(여성3격)

In der Nähe gibt es mein <u>kleines schönes</u> Haus.

근처에 작고 멋진 나의 집이 있다.(중성4격)

2) 형용사의 명사화

관사＋형용사＋명사의 형태에서 명사가 생략되면 형용사는 명사화된다. 이때 형용사는 대문자로 표기하며 남성/여성/복수인 경우에는 사람을 나타내고, 중성은 사물 또는 추상적인 개념을 나타낸다. 대문자로 표기된 형용사는 부가어적으로 쓰일 때의 어미변화를 그대로 한다.

	남성(그 노인)	여성(그 노파)	중성(그 낡은 것)	복수(그 노인들)
1격	der Alte	die Alte	das Alte	die Alten
2격	des Alten	der Alten	des Alten	der Alten
3격	dem Alten	der Alten	dem Alten	den Alten
4격	den Alten	die Alte	das Alte	die Alten

der Arme(가난한 남자), die Arme(가난한 여자),

der Reiche(부자인 남자), die Reiche(부자인 여자),

das Gute(선한 것), das Schöne(미, 아름다운 것)

die Fremden(낯선 사람들, 외국인들), die Reisenden(여행자들)

Die Reiche hilft einem Alten.

(그 부자인 여자가 가난한 노인 남자를 돕는다.)

Auf der Straße treffe ich eine Fremde.

(길거리에서 나는 낯선 한 여자를 만난다.)

Man muss an das Gute glauben.(사람은 선한 것을 믿어야 한다.)

Die Reichen müssen immer den Armen helfen.

(부자들은 가난한 자들을 항상 도와주어야 한다.)

3) 형용사의 비교 변화

독일어도 영어처럼 형용사의 비교급, 최상급이 있는데, 비교급은 원급
+er, 최상급은 원급+(e)st 형태를 취한다(= 규칙 변화). 단음절에서 a, o,
u가 있는 형용사일 경우 ä, ö, ü로 변한다.

원급		비교급	최상급	
		원급+er	원급+(e)st	am+원급+sten
규칙변화	schnell	schneller	der schnellste	am schnellsten
	schön	schöner	der schönste	am schönsten
	klein	kleiner	der kleinste	am kleinsten
	lang	länger	der längste	am längsten
	klug	klüger	der klügste	am klügsten
	alt	älter	der älteste	am ältesten
	kurz	kürzer	der kürzeste	am kürzesten
	teuer	teurer	der teuerste	am teuersten
	dunkel	dunkler	de dunkelste	am dunkelsten
불규칙변화	groß	größer	der größte	am größten
	viel	mehr	der meiste	am meisten
	gut	besser	der beste	am besten
	hoch	höher	der höchste	am höchsten
	nah	näher	der nächste	am nächsten
	wenig	weniger	der wenigste	am wenigsten

※ -t, -ß, -z, -sch로 끝나는 형용사는 최상급이 -est이다.

※ -er, -el로 끝나는 형용사는 비교급에서 어간 e가 탈락된다.

① 원급의 용법 (so+원급+wie)

Er ist so alt wie du. Aber er ist nicht so groß wie du.

Schreiben Sie bitte so schnell wie möglich!

(가능한 한 빨리 쓰도록 하세요!)

어떤 성질이 점점 더해질 때는 'immer + 비교급' 또는 '비교급 und 비교급'을 사용한다.

Das Wetter wird immer besser.(날씨가 점점 더 좋아질 거다.)

=Das Wetter wird besser und besser.

② 비교급의 용법 (비교급 + als)

Er ist kleiner als mein Freund.(그는 내 친구보다 더 작다.)

Die Kirche ist viel höher als das Rathaus.

(교회는 시청보다 훨씬 더 높다.)

심화학습

비교급의 절대적 용법: 비교의 대상이 없이 쓰일 때, 즉 als 이하가 없을 때.

→ '비교적, 제법'의 뜻으로 원급보다도 오히려 정도가 떨어진다.

Sie hat eine längere Reise gemacht.(= keine kurze Reise)

'짧은 여행은 아니지만 그렇다고 긴 여행도 아닌 '비교적' 긴 여행'이라는 의미다.

Er ist schon eine älterer Mann.(= kein junger Mann)

그는 벌써 중년이다.

Erfurt ist eine größere Stadt. Berlin ist eine große Stadt.

에어푸르트는 비교적 큰 도시다. 베를린은 대도시다.

③ 최상급의 용법 (der/die/das＋ste＝명사수식,

  am＋최상급＋en＝동사수식)

ICE ist der schnellste Zug Deutschlands.

(ICE는 독일의 가장 빠른 기차이다.)

Bern ist die schönste Stadt in der Schweiz.

(베른은 스위스에서 가장 아름다운 도시이다.)

Er läuft am schnellsten in der Klasse.

(그는 반에서 가장 빨리 달린다.)

Der See ist in der Mitte am tiefsten.(호수는 가운데가 가장 깊다.)

A 다음 빈 칸에 알맞은 말을 고르시오.

1 Mein _____ Tisch ist teuer, aber jenes _____ Buch ist billig.

① großer, kleine   ② große, kleine

③ großer, kleines   ④ großer, kleinen

2 Ein _____ Mädchen spielt mit einem _____ Ball.

① hübsches, rotem   ② hübsche, rote

③ hübsches, roten   ④ hübsche, roten

3 Viele Leute arbeiten von _____ Morgen bis zum _____ Abend.

① früher, später   ② frühem, spätem

③ früher, späten   ④ frühem, späten

4 Der Arzt hat _____ geholfen.

① der Kranke   ② die Kranke

③ die Kranken   ④ dem Kranken

5 Unser Professor ist durch fast _____ Deutschland gereist.

① ganzes   ② ganzen   ③ ganze

④ ganzem   ⑤ ganz

6 Ich bin _____ als meine Schwester.

① jünger   ② großer   ③ alter   ④ armer   ⑤ starker

7 Mein Freund ist _____ groß _____ ich.

① so, so   ② wie, wie   ③ so, wie   ④ wie, so

8 Die Frau ist _____ als ihr Mann.

① groß   ② großer   ③ großt   ④ größer   ⑤ größter

9 Peter ist ein guter schüler, Karl ist ein _____ Schüler als Peter, Minho ist der _____ Schüler der Schule.

① besser, best ② besserer, bester
③ bessere, beste ④ besserer, beste

10 Im Sommer sind die Tage _____

① die längste ② am längsten
③ am längste ④ die längsten

11 Hamburg ist die _____ Stadt in Deutschland.

① reicher ② reichere ③ reichste ④ reichsten

12 Mein Schwester studiert in Berlin, _____ Stadt in Deutschland.

① die größte ② der größten
③ der größte ④ die größten

정답 1① 2③ 3④ 4④ 5⑤ 6① 7③ 8④ 9④ 10② 11③ 12③

B 다음 빈 칸에 알맞는 형용사 어미를 넣으시오.

1 Im Garten dieses klein_____ Hauses gibt es viele Blumen.

2 Frau Breuer hat einen schön_____ neu_____ Hut.

3 Mein Freund fand ein möbliert_____ Zimmer im 1. Stock eines neu_____ Hauses.

4 Siehst du dort das hoh_____ Haus?−Nein, ich sehe kein hoh_____ Haus.

5 Ein reich_____ Kaufmann machte einmal eine lang_____ Reise.

6 Alle billig_____ und schön_____ Zimmer sind schnell vermietet.

7 Wegen schlecht_____ Wetters konnte er nicht kommen.

정답 1 en 2 en, en 3 es, en 4 e, es 5 er, e 6 en, en 7 en

C 다음 빈 칸에 알맞은 말을 넣으시오.

1 Minho und Peter sind gleich groß.

⇨ Minho ist _____ _____ _____ Peter.

2 Das Gebäude und die Kirche sind gleich hoch.

⇨ Das Gebäude ist _____ _____ _____ die Kirche.

3 Mein Haus hat weniger Zimmer _____ sein Haus.

4 Welche Jahreszeit ist in Korea _____ schönsten?

5 Meine Schwester ist _____ größte von allen Mädchen.

정답 1 so groß wie 2 so hoch wie 3 als 4 am 5 das

D 비교급, 최상급 형태로 만들어 보시오.

1 Das Zimmer ist mir zu teuer. Haben Sie kein _____?

(billig)

2 Ich habe zwei Brüder, einen _____ und einen _____

(jung, alt)

3 Er ist einer der _____ Sänger in Korea. (beliebt)

4 Heute Abend möchte ich _____ ins Therter gehen.

(gern)

5 Marias Idee gefällt mir _____ (gut)

정답 | **1** billigeres **2** jüngerer, älteren **3** beliebtesten
4 am liebsten **5** am besten

Eine Fahrt auf dem Rhein

Der Rhein ist der längste Fluss in Deutschland. Dieser Fluss ist länger und breiter als die Elbe und andere deutsche Flüsse. Er ist aber nicht der längste und breiteste Fluss in Europa.

Er ist nicht so lang und breit wie die Wolga. Die Donau ist viel länger als der Rhein. Aber man nennt den Rhein den schönsten deutschen Fluss. An seinen Ufern sind Berge, Felsen und Schlösser aus den ältesten Zeiten. Mit diesen sind viele Legende und Geschichte verbunden. Von diesen ist die Legende der Lorelei am schönsten.

Darum versäumen die wenigsten Besucher Deutschlands es, eine Fahrt auf dem Rheine zu machen. Die meisten nehmen eines der schnellen Boote in Mainz und fahren hinunter bis Bonn oder Köln. Ruhig fließt der Rhein von Mainz bis Rüdesheim. Er ist dort weit wie ein See. Die herrlichsten Gärten und Weinberge schmücken die Ufer. Ein Dorf folgt dem andern, das eine schöner und lieblicher als das andere. Dahinter erhebt sich ein dunkles Gebirge, der Taunus, mit den wundervollsten Wäldern.

Plötzlich wendet sich Schiff nach Norden: das Wasser des Rheins flütet gegen die hohen Felsen, die nun den Fluß bis Koblenz begleiten. Am Ufer liegen malerische Dörfer und Städten, und von den Gipfeln der Berge schauen alte Burgen auf den Fluss herab. Hier liegt auch der Loreleifelsen, Heine singt von dem in einem der beliebtesten deutschen Lieder. Sein Gedicht 〈Die Loreley〉 ist in Korea als Lied sehr bekannt.

라인강 여행

라인강은 독일에서 가장 긴 강이다. 이 강은 엘베강이나 다른 독일의 강들보다 더 길고 폭도 더 넓다. 하지만 라인강이 유럽에서 가장 길고 폭이 넓은 강은 아니다.

라인강은 볼가강만큼 길지 않고 폭이 넓지도 않다. 도나우강은 라인강보다 훨씬 더 길다. 그렇지만 사람들은 라인강을 독일의 가장 아름다운 강이라고 부른다. 라인강 강가에는 아득한 옛날부터 산, 바위 그리고 성이 많이 있다. 이러한 산, 바위, 성과 관련된 많은 전설과 이야기가 있다. 이러한 것 중에서 로렐라이 전설이 가장 아름답다.

그런 이유로 해서 독일을 방문하는 사람 중 라인강 여행을 하지 않는 방문객은 거의 없다. 대부분의 방문객은 마인츠에서 빠른 보트 중 하나를 타서 하류로 내려가 본이나 쾰른에 다다른다. 라인강은 마인츠에서 뤼데스하임까지 고요히 흐른다. 거기에서의 라인강은 마치 호수처럼 넓다. 너무도 멋진 정원과 포도밭이 라인강 강가를 아름답게 장식한다. 한 마을을 지나면 다른 마을이 뒤따라 나오는데, 그 마을은 앞의 마을보다 훨씬 더 아름답고 사랑스럽다. 마을 뒤에는 가장 멋진 숲이 있는 어두운 산맥인 타우누스가 우뚝 솟아 있다.

갑자기 배가 북쪽으로 방향을 바꾼다. 말하자면 라인강의 물이 높은 바위들을 향해 흐르는데, 이 바위들은 이제 코블렌츠까지 강과 함께 동행한다. 강가에는 그림 같은 마을과 도시들이 있으며, 오래된 성들은 산꼭대기에서 강을 내려다보고 있다. 여기에 로렐라이 바위가 있다. 하이네는 가장 유명한 독일 노래 중 하나에서 로렐라이 바위에 대해 노래한다. 하이네의 시 '로렐라이'는 한국에서 노래로 매우 유명하다.

⚅ 에어푸르트: 튀링엔(Thüringen) 주의 수도

10. 동사의 3요형

독일어의 동사는 부정형(원형)을 기준으로 하여 과거형과 과거분사가 만들어지는데, 이 세 가지(부정형, 과거, 과거분사)를 '동사의 3요형' 또는 '동사의 세 기본형'이라고 한다. 즉 영어에서 말하는 '동사의 삼단변화'인데, 여기에는 약변화(=규칙) 동사, 강변화(=불규칙) 동사, 혼합변화 동사 세 가지가 있다.

1) 규칙동사

어간 모음이 바뀌지 않고 과거는 **어간+te**, 과거분사는 **ge+어간+t**로 규칙적으로 만들어진다.

부정형	과거	과거분사
어간+en	어간+te	ge+어간+t

sagen – sagte – gesagt 말하다

fragen – fragte – gefragt 묻다

kaufen – kaufte – gekauft 사다

warten – wartete – gewartet 기다리다

öffnen – öffnete – geöffnet 열다

(※ 어간이 -d, -t 또는 자음+m/n으로 끝난 동사는 과거, 과거분사에서 e가 삽입된다.)

2) 불규칙동사

과거형과 과거분사에서 어간모음이 바뀌며, 일부의 동사는 자음이 부분적으로 바뀌기도 한다. 과거분사는 **ge+어간+en**이다. 불규칙동사는 따로 암기해야 한다.

fahren – fuhr – gefahren 차 타고가다

geben – gab – gegeben 주다

helfen – half – geholfen 돕다

finden – fand – gefunden 발견하다

gehen – ging – gegangen 가다

kommen – kam – gekommen 오다

nehmen – nahm – genommen 잡다, 쥐다, 취하다

sein – war – gewesen

werden – wurde – geworden

＊ haben – hatte – gehabt ＊

3) 혼합변화동사

어미는 규칙동사처럼, 어간은 불규칙동사처럼 변화한다. 역시 따로 암기해야 한다.

부정형	과거	과거분사
어간+en	–어간+te	ge＋어간변화+t

bringen – brachte – gebracht 가져오다

denken – dachte – gedacht 생각하다

wissen – wusste – gewusst 알다

※ 주의해야 할 동사의 과거와 과거분사

① 분리동사

einkaufen – kaufte...ein – eingekauft 장보다

aufmachen – machte...auf – aufgemacht 열다

abholen−holte...ab−abgeholt 마중가다

ankommen−kam...an−angekommen 도착하다

② 비분리동사: 과거분사에 ge를 붙이지 않는다.

erklären−erklärte−erklärt 설명하다

besuchen−besuchte−besucht 방문하다

bekommen−bekam−bekommen 받다

③ −ieren동사: 과거분사에 ge를 붙이지 않는다.

studieren−studierte−studiert 공부하다

reparieren−reparierte−repariert 수리하다

telefonieren−telefonierte−telefoniert 전화하다

4) 동사의 과거인칭변화

동사의 과거도 인칭변화를 하는데, 다음 표에서 현재인칭변화와 구별

하도록 하자. 특히 주의할 점은 과거인칭변화에서 3인칭은 1인칭과 똑같

이 변화한다는 것이다.

※ 현재인칭과 과거인칭 변화의 어미

	현재인칭변화	과거인칭변화
ich	-e	-
du	-st	-st
er/sie/es	-t	-
wir	-en	-(e)n
ihr	-t	-t
sie(Sie)	-en	-(e)n

① 약변화동사와 혼합변화동사의 과거인칭변화

	fragen	leben	haben	bringen
ich	fragte	lebte	hatte	brachte
du	fragte-st	lebte-st	hatte-st	brachte-st
er/sie/es	fragte	lebte	hatte	brachte
wir	fragte-n	lebte-n	hatte-n	brachte-n
ihr	fragte-t	lebte-t	hatte-t	brachte-t
sie(Sie)	fragte-n	lebte-n	hatte-n	brachte-n

② 강변화동사의 과거인칭변화

	sein	gehen	kommen	finden
ich	war	ging	kam	fand
du	war-st	ging-st	kam-st	fand-est
er/sie/es	war	ging	kam	fand
wir	war-en	ging-en	kam-en	fand-en
ihr	war-t	ging-t	kam-t	fand-et
sie(Sie)	war-en	ging-en	kam-en	fand-en

다음 강변화동사들도 인칭변화 시키도록 해보자.

geben－gab－gegeben

fahren－fuhr－gefahren

helfen－half－geholfen

nehmen－nahm－genommen

sehen－sah－gesehen

11. 동사의 시제

독일어의 시제는 영어와 달리 6개의 시제가 있다(현재, 과거, 미래, 현재완료, 과거완료, 미래완료). 현재, 과거 두 시제는 조동사 없이 단독으로 사용되므로 단순시제라고 하고, 그 외 시제는 조동사(haben/sein/werden)와 본동사가 결합되어 사용되기 때문에 복합시제라고 한다. 독일어 시제에서는 영어에서의 진행형 형태가 전혀 없다는 것에 주의해야 한다.

1) 현재

현재 시제는 동사를 현재 인칭변화 시킨다. 현재의 사실 또는 일반적인 사실을 서술하며, 미래의 의미도 갖는다.

Meine Mutter schläft jetzt.(나의 엄마께서 지금 주무신다.)

Die Erde ist eine Kugel.(지구는 하나의 구(球)이다.)

Mein Freund besucht mich morgen.

(내 친구가 내일 나를 방문할 것이다.)

2) 과거

과거 시제는 동사를 과거 인칭변화 시킨다. 과거의 사실 또는 어떠한 행동이나 사건이 이미 일어났거나 행하여져서 현재와 아무 관련이 없을 때 사용된다. 주로 보고서나 동화, 또는 옛날이야기를 할 때 쓰인다.

2018 machte ich Abitur und danach eine Weltreise.

(2018년 나는 아비투어 시험을 치르고, 그 후에 세계여행을 했다.)

Im letzten Jahr waren wir in Hamburg.

(작년에 우리는 함부르크에 있었다.)

Wir wollten früher kommen, aber es gab Stau in der Stadt.
(우리는 더 일찍 오려고 했지만, 시내에 교통체증이 있었다.)

3) 현재완료

조동사 haben 또는 sein을 현재 인칭변화 시키고 본동사는 과거분사로 후치한다. 어떤 일이 과거에 끝났지만 현재와 관련이 있을 때 사용되기 때문에 일상에서 흔히 사용된다. '과거 시제'와 의미 차이는 없다. 형태는 **'haben/sein+과거분사'**이다.

* haben과 함께 현재완료를 만드는 동사

– 대부분의 동사가 여기에 속한다. 모든 타동사, 비인칭동사, 재귀동 사, 화법조동사 등

Was haben Sie gestern gemacht? 당신들은 어제 무엇을 했나요?

Wir haben einen Ausflug gemacht. 우리는 소풍을 갔다.

Wir haben ins Büro gehen müssen. 우리는 사무실로 가야만 했다.

Er hat sich mit mir unterhalten. 그는 나와 얘기를 나눴다.

Gestern hat es stark geregnet. 어제는 비가 많이 내렸다.

* sein과 함께 현재완료를 만드는 동사

장소이동이나 상태변화를 의미하는 자동사. kommen, gehen, fahren, begegnen(만나다), aufwachen(깨어나다), einschlafen(잠이 들다), sein, werden, bleiben, 등

Wohin ist dein Freund gegangen? 네 친구는 어디로 갔니?

Er ist auf den Berg gestiegen. 그는 산으로 올라갔다.

Sie ist gestern spät eingeschlafen. 그녀는 어제 늦게 잠들었다.

Der Junge ist krank geworden. 그 남자아이는 아팠다.

Deshalb ist er allein zu Hause gewesen/geblieben.

그래서 그는 혼자 집에 있었다/머물렀다.

4) 과거완료

과거를 기준으로 하여 어떤 동작이나 상태가 그 이전에 끝났을 때 과거
완료를 사용한다.

형태는 '**hatte/war+과거분사**'이다.

Der Zug war schon abgefahren, als ich am Bahnhof ankam.

내가 역에 도착했을 때, 기차는 이미 출발했었다.

Nachdem sie gegessen hatten, gingen sie ins Kino.

그들은 식사를 한 후에 영화관에 갔다.

Mein Freund hat mich besucht, nachdem ich ihn eingeladen
hatte. 내 친구는 내가 그를 초대한 후에 나를 찾아왔다.

5) 미래

미래시제는 조동사 werden이 필요하다. werden을 현재 인칭변화 시키고
본동사는 원형으로 문장 맨 뒤로 간다. '**werden+......+동사원형(맨 뒤)**'

Ich werde in die Schweiz fliegen.

나는 스위스로 (비행기를 타고) 갈 것이다.

Meine Freundin wird mich besuchen.

내 여자친구가 나를 방문할 것이다.

Das Wetter wird am Wochenende schön sein.

주말에 날씨가 좋아질 것이다.

6) 미래완료

미래의 한 시점에서 이미 완료된 행위 또는 상태를 나타낼 때 미래완료를 사용한다. 형태는 'werden+p.p. haben/sein'이다.

Gestern habe ich meinem Freund einen Brief geschrieben; er wird den Brief morgen bekommen haben.

어제 나는 내 친구에게 한 통의 편지를 썼다. 그는 그 편지를 내일 받게 될 것이다.

A 알맞은 것을 고르시오.

1 Der Verkäufer _____ die Waren auf den Ladentisch.

① legte　② legtet　③ lag　④ lagt　⑤ lagtet

2 Der Hut _____ auf dem Sofa.

① legte　② legtet　③ liegte　④ lag　⑤ lagt

3 Das Kind _____ schnell unter den Baum.

① laufte　② lief　③ liefst　④ lauft　⑤ liefe

4 Die Mutter _____ das Kind an den Tisch.

① setzte　② saß　③ saßt　④ setze　⑤ setztet

5 Der Professor _____ _____ nicht geholfen.

① hat ihm　② hat ihn　③ ist ihm　④ ist ihn　⑤ hat sie

6 Ich _____ gestern meinem alten Freund _____

① habe, getroffen　　② bin, getroffen
③ habe, begegnet　　④ bin, begegnet
⑤ habe, begegnen

7 Du _____ schon ausgegangen, als ich zu dir kam.

① bist　② hast　③ hattest　④ wart　⑤ warst

8 Ich ging an die Universität Köln. Vorher _____ ich zwei Semester in Berlin studiert.

① bin　② habe　③ hatte　④ hat　⑤ war

9 Nachdem Peter _____ _____, lief er zur Schule.

① gegessen habe   ② gegessen hat

③ gegessen ist   ④ gegessen war

⑤ gegessen hatte.

10 Die Kinder haben auf der Straße _____ _____

① spielen gedürft   ② gespielt dürfen

③ gespielt gedürft   ④ spielen dürfen

⑤ gespielt durfte

정답   1①   2④   3②   4①   5①   6④   7⑤   8③   9⑤   10③

B 다음을 현재완료로 고치시오.

1 Ich habe keine Zeit für einen Brief.

_____

2 Er kümmert sich um viele Sachen.

_____

3 Es ist nicht leicht, aber es gefällt mir.

_____

4 Sie kauft ein paar Sachen ein.

_____

5 Ich frage ihn nach seinen Kindern.

_____

6 Um zwölf Uhr geht Herr Bauer zum Mittagessen.

_____

7 Um zwölf Uhr ißt Herr Bauer zu Mittag.

_____

8 Er bleibt dort zwei Tage.

_____

 정답
1 Ich habe keine Zeit für einen Brief gehabt.
2 Er hat sich um viele Sachen gekümmert.
3 Es ist nicht leicht gewesen, aber es hat mir gefallen.
4 Sie hat ein Paar Sachen eingekauft.
5 Ich habe ihn nach seinen Kindern gefragt.
6 Um zwölf Uhr ist Herr Bauer zum Mittagessen gegangen.
7 Um zwölf Uhr hat Herr Bauer zu Mittag gegessen.
8 Er ist dort zwei Tage geblieben.

C 다음문장을 현재형과 과거형으로 고치시오.

1 Wir haben einen Ausflug gemacht.

_____

2 Ich habe auf dem Stuhl gesessen.

_____

3 Was hast du gestern zu Mittag gegessen?

_____

4 Er hat nicht auf meinen Brief geantwortet.

_____

5 Der Junge ist krank geworden.

_____

 정답
1 Wir machen einen Ausflug. Wir machten einen Ausflug.
2 Ich esse auf dem Stuhl. Ich aß auf dem Stuhl.
3 Was isst du gestern zu Mittag? Was aßt du gestern zu Mittag?
4 Er antwortet nicht auf meinen Brief. Er antwortete nicht auf meinen Brief.
5 Der Junge wird krank. Der Junge wurde krank.

Geschichte der deutsch-koreanischen Beziehungen

1644 war der koreanische Kronprinz So Hyun in Peking und traf dort den Missionar Johannes Adam Schall von Bell. Das war, soweit wir wissen, die erste Beziehung zwischen einem Koreaner und einem Deutschen.

Am 7. Januar 1674 schrieb eine Hamburger Zeitung zum erstenmal in Deutschland einen Bericht über Korea. 1882 kam Paul Georg von Möllendorff nach Korea, wurde Vizeminister des Auswärtigen Amtes und arbeitete beim Hafenzollamt. Die diplomatischen Beziehungen begannen 1884, ein Jahr nach dem Handelsvertrag von 1885. Ab 1898 gab es in Seoul auch eine deutsche Schule, aber sie hatte nur wenige Schüler.

1901-1905 war Dr. Richard Wunsch Arzt bei Kaiser Kojong. 1902 komponierte Franz Eckert die alte Nationalhymne für Korea. Nach der Besetzung Koreas 1910 gingen viele Koreaner ins Ausland, einige auch nach Deutschland. Berühmt wurde Li Mi-Rok-er studierte in Deutschland und schrieb dort auf deutsch "Der Yalu fließt".-Berühmt war auch der Koreaner Son Ki-Jung: 1936 gewann er den Marathonlauf bei der Olympiade in Berlin.

Nach dem zweiten Weltkrieg gab es 1955 wieder diplomatische Beziehungen zwischen den zwei-jetzt geteilten-Ländern.

한독 관계사

1644년 한국의 왕세자 '소현'은 북경에 있었으며 거기서 선교사 요하네스 아담 샬 폰 벨을 만났다. 우리가 알고 있는 한, 이것이 한국인과 독일인 사이의 최초의 관계였다.

1674년 1월 7일 함부르크의 한 신문은 독일에서 처음으로 한국에 대한 보고서를 썼다. 1882년 파울 게오르크 폰 묄렌도르프가 한국에 왔고, 외무성의 차관이 되어 항만세관에서 일했다. 외교관계(수교)는 1883년 통상조약 1년 후인 1884년에 시작되었다. 1898년부터 서울에는 또한 독일학교가 있었는데, 하지만 학생들은 거의 없었다.

1901년에서 1905년 동안 리하르트 분쉬 박사는 고종황제의 주치의였다. 1902년 프란츠 에케르트는 한국의 옛 애국가를 작곡했다. 1910년 일본이 한국을 점령한 이후에 많은 한국인이 외국으로 떠났는데, 몇몇은 독일로도 갔다. 이미륵이 유명했다. 그는 독일에서 대학 공부를 하였으며, 그곳에서 『압록강은 흐른다』라는 소설을 독일어로 썼다. 한국인 손기정 또한 유명했다. 그는 1936년 베를린 올림픽 마라톤에서 우승을 하였다.

제2차 세계대전 이후 1955년에 두 나라 사이에 다시금 외교관계가 재개되었다.

⏏ 엘프필하모니(Elbphilharnonie): 함부르크 엘베강 강가에 있다. 2017년 1월 11일에 개관. 26층 규모에 높이가 110M로 세계 최대. 총공사비 8억 6,600만 유로로 최초 예상액의 11배나 더 들었다.

12. 화법조동사(Modalverben)

 화법(話法)조동사(助動詞)란 말 그대로 동사를 도와서, 동사 자체의 변화만으로는 나타낼 수 없는 화법(감정, 의욕, 사상 등)을 나타낸다. 예를 들어 '가다(gehen)'에 대하여 '갈 수 있다', '가고 싶다', '가야 한다', '가도 좋다' 등과 같이 여러 가지 양상의 표현을 할 수 있는데, 이런 표현을 도와주는 동사를 화법조동사라고 한다. 화법조동사가 쓰이면 본동사는 원형이 되어 문장 제일 뒤로 간다. 화법조동사는 다음 6개이다.

 können, müssen, dürfen, wollen, sollen, mögen

1) 화법조동사의 현재인칭변화

	können	müssen	dürfen	wollen	sollen	mögen
ich	kann	muss	darf	will	soll	mag
du	kannst	musst	darfst	willst	sollst	magst
er/sie/es	kann	muss	darf	will	soll	mag
wir	können	müssen	dürfen	wollen	sollen	mögen
ihr	könnt	müsst	dürft	wollt	sollt	mögt
sie/Sie	können	müssen	dürfen	wollen	sollen	mögen
과거	konnte	musste	durfte	wollte	sollte	mochte
과거분사	gekonnt	gemusst	gedurft	gewollt	gesollt	gemocht

[화법조동사의 기본의미]

① können: ~할 수 있다(가능, 능력)

Wir können heute spazieren gehen.

(우리는 오늘 산책을 할 수 있다.)

Du kannst es nicht ändern. (너는 그것을 바꿀 수 없다.)

② müssen: ~해야 한다(의무, 필연)

Er muss den ganzen Tag arbeiten. (그는 하루 종일 일해야 한다.)

Du musst hier nicht bleiben.

(~할 필요가 없다) (너는 여기에 머무를 필요가 없다)

③ dürfen: ~해도 좋다(허가)

Wir dürfen heute früher nach Hause gehen.

(우리는 오늘 일찍 집으로 가도 된다.)

Du darfst Computer spielen. (너는 컴퓨터 게임을 해도 된다)

④ wollen: ~하려고 한다(의지)

Ich will das Buch kaufen. (나는 한 권의 책을 사려고 한다.)

Mein Vater will nächstes Jahr nach Hamburg reisen.

(내 아버지는 내년에 함부르크로 여행하려고 한다.)

⑤ sollen: ~해야 한다(당위, 도덕적 의무)

Du sollst deine Lehrer ehren. (너는 너의 선생님들을 존경해야 한다.)

Die Kinder sollen sofort ihre Hausaufgabe machen.

(아이들은 당장 자기들의 숙제를 해야 한다.)

⑥ mögen: ~ 일 것이다(추측, 기호)

Dein Bruder mag jetzt in Hamburg sein.

(너의 형은 지금 함부르크에 있을 거야.)

Er mag moderne Musik. (그는 현대음악을 좋아한다.)

[화법조동사의 심화의미]

können: 추측

Morgen kann das Wetter besser werden.

(내일은 날씨가 아마 더 좋아질 거야.)

Deine Mutter kann heute kommen. (너의 어머니는 오늘 오실 거야.)

müssen: 추측의 확실

Er muss krank sein.

(그는 분명히 아플 거야. 그는 병이 났음에 틀림없어.)

dürfen: 추측(반드시 접속법 2식을 사용)

Sie dürften schon schlafen. (그들은 이미 자고 있을 거야.)

wollen: 주장

Sie will Deutschlehrer sein, aber ihr Deutsch ist nicht gut.

(그녀는 자기가 독일어 선생님이라고 주장하지만, 그녀의 독일어(실력)
은 좋지 않아.)

sollen

① 결정을 내리지 못해서 상대방 또는 자신에게 묻는 말로 '...하면 좋을
까/어떨까'를 표현할 때.

Was soll ich essen? (무엇을 먹으면 좋을까?)

Soll ich ihm schreiben? (그에게 편지를 쓰면 어떨까?)

② 주어가 아닌 제3자의 의견을 묻거나 대변하기 위해서 사용.

Soll ich dir helfen? (도와줄까?)

Du sollst zum Klassenlehrer kommen.

(너(보고) 선생님께서 오래.) –3자의 바람 전달

cf) Du solltest zum Klassenlehrer kommen.

(넌 선생님께 가보는 게 좋겠어.) –조언

mögen: 가능성, 신중한 질문

Das mag sein. (그럴지도 모른다)

Sie mögen jetzt im Kino sein. (그들은 지금 영화관에 있을지도 모른다.)

※ müssen과 sollen의 간단한 차이점.

Ich muss zum Arzt gehen.

의사에게 가야만 해(muss – ich weiß es)

Ich soll zum Arzt gehen.

의사에게 가 보래(soll – jemand sagt mir das)

2) 화법조동사의 과거

	können	müssen	dürfen	wollen	sollen	mögen
ich	**konnte**	**musste**	**durfte**	**wollte**	**sollte**	**mochte**
du	konntest	musstest	durftest	wolltest	solltest	mochtest
er/sie/es	**konnte**	**musste**	**durfte**	**wollte**	**sollte**	**mochte**
wir	konnten	mussten	durften	wollten	sollten	mochten
ihr	konntet	musstet	durftet	wolltet	solltet	mochtet
sie/Sie	konnten	mussten	durften	wollten	sollten	mochten

Warum ist er nicht gegangen?왜 그는 가지 않았니?

Er **wollte** gehen, aber er **konnte** nicht gehen.

Er **sollte** seinem Vater helfen. Deshalb **musste** er zu Hause bleiben.

Er **durfte** nicht ausgehen.

(그는 가려고 했지만 갈 수 없었어. 그는 아버지를 도와야 했어. 그 때문에 그는 집에 머물러야 했어. 그는 외출해서는 절대 안 되었어.)

3) 화법조동사의 완료

화법조동사의 완료형은 두 가지가 있다. 본동사가 생략될 때와 본동사가 생략되지 않을 때 그 형태가 다르다.

본동사가 없을 때	haben + 화법조동사의 p.p.
본동사가 있을 때	haben + 본동사 + 화법조동사의 원형

Er kann Deutsch. Er hat Deutsch **gekonnt**.

Er kann Deutsch sprechen. Er hat Deutsch **sprechen können**.

그는 독일어를 말할 수 있다. 그는 독일어를 말할 수 있었다.

Ich muss in die Stadt. Ich habe in die Stadt **gemusst**.

Ich muss in die Stadt gehen. Ich habe in die Stadt **gehen müssen**.

나는 시내로 가야 한다. 나는 시내로 가려고 했다.

※ 화법조동사에서는 완료형을 잘 사용하지 않고 주로 과거형으로 사용
   한다.

Ich habe in die Stadt gehen müssen. 이라는 문장보다는

Ich musste in die Stadt gehen. 이라는 문장이 더 좋은 표현이다.

1. helfen, hören, sehen + zu 없는 부정형

   Sie **hilft** ihrer Mutter in der Küche **arbeiten**.

   Sie **hat** ihrer Mutter in der Küche **arbeiten helfen**.

   그녀는 엄마가 부엌에서 일하시는 것을 도왔다.

   Wir **sehen** die Kinder auf dem Innenhof **laufen**.

   Wir **haben** die Kinder auf dem Innenhof **laufen sehen**.

   우리는 아이들이 안마당에서 뛰어다니는 것을 보았다.

2. lassen + zu 없는 부정형

   Wir **lassen** die Kinder auf dem Innenhof **spielen**.

   Wir **haben** die Kinder auf dem Innenhof **spielen lassen**.

3. brauchen ...... zu는 nur/bloß나 nicht와 함께 화법조동사처럼 사용
   된다.

   Was muss man zum Segeln mitnehmen?

   요트를 타기 위해서 무엇을 가져가야 하는가?

   Wir brauchen nichts mitzunehmen 아무것도 가져갈 필요가 없다.

   Musst du zum Direktor gehen? 너는 사장에게 가야만 하는가?

   Nein, ich brauche ihn nur/bloß anzurufen.

   아니, 나는 그에게 전화만 하면 돼.

   Sie brauchen nur/bloß zu lesen. 당신은 읽기만 하면 됩니다.

4. 1, 2에 있는 완료 문장을 부문장으로 사용하면 정동사 haben이 문장 맨 뒤로 가는 것이 아니라 원형동사 앞에 위치한다.

Ich weiß, dass sie ihrer Mutter in der Küche **hat arbeiten helfen**.

Ich weiß, dass wir die Kinder auf dem Innenhof **haben laufen sehen**.

Ich weiß, dass wir die Kinder auf dem Innenhof **haben spielen lassen**.

A 알맞은 것을 고르시오.

1 Du _____ nicht so viel Lärm machen.

① kannst ② darfst ③ musst ④ magst ⑤ willst

2 Wegen des Autounfalls _____ wir zu Fuß gehen.

① wollten ② konnten ③ durften

④ mochten ⑤ mussten

3 _____ Sie Brahms? Ja, ich habe ihn gern.

① Können ② Sollen ③ Müssen ④ Mögen ⑤ Dürfen

4 Mein Vater _____ den Brief nicht lesen, denn er sieht schlecht.

① kann ② soll ③ darf ④ muss ⑤ mag

5 Die Dame _____ das Geld verloren haben. Aber ich glaube ihr nicht.

① muss ② will ③ mag ④ darf ⑤ kann

6 Ich habe es _____ _____

① tun gekonnt ② getan gekonnt ③ tun können

④ getan können ⑤ tun konnte

7 Ich habe Absicht, in den Ferien nach Busan zu fahren.

Ich _____ in den Ferien nach Busan fahren.

① muss ② kann ③ soll ④ will ⑤ darf

8 Meine Tante _____ sehr krank gewesen sein.

= Ich habe gehört, dass sie krank war.

① mag ② muss ③ soll ④ will ⑤ darf

9 Ich habe meinen Vater im Garten _____ _____

① gearbeitet gesehen   ② gearbeiten sehen

③ arbeiten gesehen   ④ arbeiten sehen

⑤ gearbeiten gesehen

10 Herr Meyer hat _____ Deutsch sprechen _____

① mich, lehren   ② mir, lehren   ③ mich, gelehrt

④ mir, gelehrt   ⑤ mir, gelehren

> **정답**   1②   2⑤   3④   4①   5②   6③   7④   8③   9④   10③

B 밑줄 친 대명사나 명사를 지시대로 고치시오(동사의 변화에 유의).

1 Im Urlaub können <u>Sie</u> ja auch mal zu Fuß gehen. (du로)

2 Baden kann <u>man</u> da auch. (wir로)

3 <u>Meine Kinder</u> wollen in die Schweiz, nach Zermatt.

(mein Kind로)

4 Von da aus darf <u>man</u> nicht mit dem Auto fahren. (ihr로)

5 <u>Du</u> musst jetzt nach Hause gehen. (ihr로)

> **정답**   1 Im Urlaub kannst du ja auch mal zu Fuß gehen.
> 2 Baden können wir da auch.
> 3 Mein Kind will in die Schweiz, nach Zermatt.
> 4 Von da aus dürft ihr nicht mit dem Auto fahren.
> 5 Ihr müßt jetzt nach Hause gehen.

C 알맞은 화법조동사를 골라 인칭변화 시키시오.

> dürfen, können, mögen, müssen, sollen, wollen

1 A: Was haben Sie am Samstag vor?

B: Ich _____ schwimmen gehen.

2 A: Im Restaurant ist Rauchen verboten.

B: Du _____ hier nicht rauchen.

3 A: Wir haben keine Zeit.

B: Wir _____ ein Taxi nehmen.

4 A: _____ du rechnen?

B: Ja, ich lerne Mathematik in der Schule.

5 Wir _____ nicht stehlen.

정답 1 will 2 darfst 3 müssen 4 Kannst 5 sollen

Das Auto der Zukunft

Das Auto ist das beste Mittel für individuelle Mobilität.

Jeder Einzelne von uns ist bereit, große Teile seines Einkommens fürs Autofahren auszugeben. Und die Automobilindustrie ist unser Wirtschaftsfaktor Nummer eins.

Mehr als 800.000 Menschen arbeiten hier. Wir wollen und könnten gar nicht ohne Auto leben: In Deutschland gibt es 52 Millionen Kraftfahrzeuge.

Das ist heute. Doch wie sieht die Zukunft aus? Der größte Feind des Autos ist das Auto selbst. Das Automobil befriedigt den Wunsch nach individueller Mobilität so perfekt, dass niemand darauf verzichten will.

Deshalb gibt es Probleme mit den Auswirkungen auf die Natur. Deshalb gibt es Probleme mit der Sicherheit. Und deshalb gibt es auch Probleme mit der Mobilität selbst.

Der Wegweiser im Nebel

Kurz vor dem Stadtrand von Köln hält ein Autofahrer in dunkler, nebliger Nacht seinen Wagen vor einem Wegweiser an, um sich zu vergewissern, ob er noch auf dem richtigen Weg ist. Doch der Nebel ist so dick, dass er in der Dunkelheit trotz des Scheinwerferlichts nichts sehen kann. So steigt er aus und klettert am Pfosten des Wegweisers hoch, damit er die Schrift entziffern kann. Nach einiger Mühe kommt er oben an und liest die beiden aufschlussreichen Worte: "Frisch gestrichen!"

미래의 자동차

자동차는 개인의 이동성을 위한 가장 좋은 수단이다. 모든 개개인은 자기 수입의 많은 부분을 자동차 운행을 위해 사용할 준비가 되어 있다. 그래서 자동차 산업은 우리 경제 구성요소 넘버원이다.(경제 구성요소에서 가장 중요하다.)

80십만 명이 넘는 사람들이 여기 자동차 산업에서 일하고 있다. 우리는 자동차 없이는 전혀 살려고 하지 않을 것이며 또한 살 수도 없을 것이다. 말하자면, 독일에는 5천2백만 대의 자동차가 있다.

이것이 오늘날(의 현실)이다. 그렇다면 미래는 어떨 것 같은가? 자동차의 최대의 적은 자동차 자신이 될 것이다. 자동차는 개인의 이동성에 대한 욕구를 너무도 완벽하게 만족시켜 주어서, 어느 누구도 그것을 포기하려고 하지 않는다.

그렇기 때문에 자연에 끼치는 영향에 문제가 있다. 그 때문에 안전에 문제가 있다. 바로 그렇기 때문에 이동성 자체에 문제가 있는 것이다.

안개 속의 이정표

어둡고 안개 자욱한 밤에 쾰른 교외 직전에서 한 운전자가 이정표 앞에서 차를 멈춘다. 그가 여전히 길을 제대로 가고 있는지 확인하기 위해서다. 하지만 안개가 너무도 짙게 깔려 있어서 그는 자동차의 전조등에도 불구하고 어둠 속에서 아무것도 볼 수가 없었다. 그래서 그는 자동차에서 내려 (이정표에 씌어있는) 글자를 해독하기 위해서 이정표 기둥을 기어 올라간다. 약간의 수고를 한 후에 그는 이정표에 올라갔고, (이정표에 씌어있는) 두 단어로 된 명쾌한 글을 읽었다. "칠 주의!"

13. 의문대명사(Interrogativpronomen)

의문(대명)사는 의문문을 만들며 어순은 "의문사+동사+주어"이다. 다음과 같은 4가지 종류가 있다. wer(→ who), was(→ what), welch(→ which) was für ein(→ what kind of) 4가지 종류가 있다.

1) wer와 was

	wer(사람)	was(사물, 직업, 신분)
N.(1격)	wer	was
G.(2격)	wessen	(wessen)
D.(3격)	wem	–
A.(4격)	wen	was

Wer ist das?   Was ist das?

Wem gehört das Buch?

Wen suchen Sie?   Was kaufen Sie?

전치사와 의문대명사가 결합할 때, 'wer'는 그 앞에 전치사가 위치하면 되지만 'was'는 그 앞에 전치사가 위치하면 안 되고 'wo(r)+전치사' 형태로 써야 한다.

Mit wem fahren Sie nach Hause? – Mit meinem Freund.

Womit fahren Sie nach Hause?   – Mit dem Bus.

Auf wen warten Sie?   – Ich warte auf meinen Freund.

Worauf warten Sie?   – Ich warte auf den Bus.

2) welch___

‘어느, 어떤’이라는 뜻을 지니며, 여러 사물 또는 사람 중에서 어느 특정한 것을 묻는다. 부가어적으로도 사용되고, 명사적으로도 사용되며 정관사와 같은 어미변화를 한다. 대답을 할 때는 반드시 ‘정관사 + 명사’로 답해야 한다.

Welches Auto ist dein Auto? – <u>Das rote Auto</u> ist mein Auto.

– <u>Der rote Kia</u> ist mein Auto.

Welchen Mantel möchtest du kaufen? – <u>Den blauen Mantel</u>.

3) was für (ein___)

‘어떤 종류의’ 라는 뜻을 지니며, 사람 또는 사물의 성질이나 종류를 묻는다. was für는 변하지 않고, ein은 뒤에 나오는 명사의 성과 격에 따라 부정관사 변화를 한다. 대답을 할 때는 반드시 ‘부정관사+명사, 또는 무관사의 명사’로 답해야 한다.

Was für ein Auto fährst du? – Ich fahre <u>einen BMW/Hyundai/VW</u>.

Was für ein Mann steht dort? – Dort steht <u>ein alter Mann</u>.

Was für Wein trinkt er?　　　 – Er trinkt <u>Rotwein</u>.

Was für Leute kennen Sie?　　 – Ich kenne <u>sehr fleißige Leute</u>.

심화학습 1 Was …… für ein? : 1, 4격에서는 was와 für ein이 분리해서 쓰인다.

Was ist das für ein Schüler?　 = Was für ein Schüler ist das?

Was essen Sie für einen Apfel? = Was für einen Apfel essen Sie?

심화학습 2　Was für ein 다음에 명사가 생략되면 ein은 정관사 어미가 붙는다.

Was für ein Mantel(남성, 1격)　　– Was für einer

Was für ein Buch(중성, 1격/4격)　– Was für eins

심화학습 3　Was für ein 형태에서 für는 4격지배전치사와 아무 관계가 없다.

A 알맞은 것을 고르시오.

1 _____ ist länger, der Bleistift oder die Feder?

① Welcher　② Welche　③ Welchem

④ Welches　⑤ Welchen

2 Können Sie mir sagen, _____ das ist?

① was für einem Mann　② was für einem Manne

③ was für einen Mann　④ was für eines Mannes

⑤ was für ein Mann

3 _____ gehört dieses Buch hier?

① Wem　② Was　③ Wer　④ Wen　⑤ Wessen

4 Mit was für _____ Menschen arbeitest du zusammen?

① einer　② einem　③ eines　④ einen　⑤ ein

5 _____ ruft sie heute an?

① Wer　② Wessen　③ Wem　④ Wie　⑤ Wen

6 In was für _____ Stadt wohnen Sie?

① eine　② einer　③ welche　④ welcher　⑤ welchen

7 _____ von euch beide war der Student?

① Welche　② Welcher　③ Welchem

④ Welchen　⑤ Welches

8 Ich will Blumen kaufen. _____ wollen Sie kaufen?

① Was für　② Was für ein　③ Was für welche

④ Was für eine　⑤ Was für eines

정답　1 ④　2 ⑤　3 ①　4 ②　5 ⑤　6 ②　7 ⑤　8 ③

B 알맞은 것을 골라 넣으시오.

> Was, Wofür, Worum, Für wen, Um wen,
> Womit, Worauf, Mit wem

1 A: _____ ist dann dein Hauptfach?

B: Mein Hauptfach ist Koreanistik.

2 A: _____ interessierst du dich?

B: Ich interessiere mich für Soziologie.

3 A: _____ interessierst du dich?

B: Ich interessiere mich für die große Dame.

4 A: _____ eignest du dich nicht?

B: Ich eigne mich nicht für Mathematik.

5 A: _____ musst du dich kümmern?

B: Ich muss mich um die Kinder kümmern.

6 A: _____ musst du dich kümmern?

B: Ich muss mich um mein Studium kümmern.

7 A: _____ ist sie gefahren ?

B: Sie ist *mit dem Zug* gefahren.

8 A: _____ freuen Sie sich schon ?

B: Ich freue mich schon *auf die Ferien*.

정답 1 Was 2 Wofür 3 Für wen 4 Wofür 5 Um wen 6 Worum
7 Womit 8 Worauf

C 밑줄 친 곳에 'welch-' 또는 'was für ein-'을 넣으시오.

1 _____ Vater ist der Graf?

– Er ist ein strenger Vater.

2 _____ Sohn möchte er?

– Er möchte einen klugen Sohn.

3 _____ Bluse wollen Sie anziehen?

– Ich will die blaue Bluse anziehen.

4 _____ Anzug tragen Sie nicht gern?

– Den alten Anzug trage ich nicht gern.

5 Ich habe ein Buch gekauft.

– _____ Buch hast du gekauft?

정답 1 Was für ein 2 Was für einen 3 Welche 4 Welchen 5 Was für ein

해석 연습

Ausbildungsweg

Welchen Ausbildungsweg soll unser Kind nehmen? --- Vor dieser schwierigen Frage stehen die meisten Eltern in Deutschland, wenn ihr Sohn oder ihre Tochter das zehnte Lebensjahr erreicht hat. Nicht immer lassen sich die Fähigkeiten eines Zehnjährigen genau erkennen und richtig beurteilen. Oft genug wird eine falsche Wahl getroffen. Aus diesem Grunde wollen Schulreformer die endgültige Entscheidung um einige Jahre aufschieben. Vorläufig aber hält man sich noch an die Tradition. Wenn sich der Junge oder das Mädchen vor allem für praktische Dinge interessieren, werden sie die Grundschule weiterbesuchen oder in die sog. Mittelschule übertreten. Nach Abschluss einer dieser Schulen stehen dem jungen Menschen alle handwerklichen und kaufmännischen Berufe offen. Einen Zehnjährigen, der mehr sprachliche oder naturwissenschaftliche Interessen zeigt, werden die Eltern auf die Höhere Schule schicken. Erst nach neun Jahren kann er dann, wenn er das Abitur bestanden hat, ein Fachstudium beginnen. Die Ausbildung zum Akademiker kostet sehr viel Ausdauer, Zeit und Geld.

교육 경로

우리 아이는 어떤 교육 경로를 밟아야만 하는가? 독일의 대부분의 부모들은 자신의 아들이나 딸이 10살이 되면 이런 어려운 문제에 봉착한다. 10살 된 아이의 능력이 반드시 정확하게 인식될 수 있는 것도 아니고 또 올바르게 판단될 수 있는 것도 아니다. 충분히 자주 잘못 선택되기도 한다. 이러한 이유로 학제를 개혁하려는 사람들은 최종적 결정을 몇 년 정도 미루려고 한다. 하지만 잠정적으로 사람들은 전통을 여전히 고수한다.(당분간 전통이 그대로 유지된다.) 만약 소년이나 소녀가(남녀 초등학생이) 특히 실무적인 일에 흥미를 가진다면 초등학교를 계속 다니거나 소위 말하는 중학교에 진학할 것이다. 이러한 학교들 중 하나를 마친 뒤에는 이 젊은이에게 온갖 수공업과 상업상의 직업이 열려 있다. 어학적인 관심이나 자연과학적인 관심을 더 많이 보이는 10살짜리 아이라면 그 부모님은 아이를 고등학교에 보낼 것이다. 9년이 지난 후에야 비로소 그 아이는 졸업시험에 합격한다면 전공 공부를 시작할 수 있게 된다. 대학을 마치기까지의 교육에는 매우 많은 인내와 시간 그리고 돈이 필요하다.

△ 드레스덴: 작센(Sachsen) 주의 수도

14. 지시대명사

지시대명사는 이미 알려진 사람이나 사물, 개념이나 사실을 가리키는 대명사로서 정관사나 인칭대명사보다 더 강하게 지칭할 때 사용된다. 부가어적 용법과 명사적 용법의 두 형태가 있지만 여기서는 명사적 용법을 중점적으로 다룬다. der, dieser, jener, solcher, derselbe, derjunige 등 여러 가지 종류가 있지만 주로 정관사형 지시대명사가 많이 사용된다.

Der Hut dort rechts gehört mir.

(저기 오른쪽에 있는 그 모자가 내 것이다.)

라는 문장에서 정관사 der를 강조해서 사용하면 그것이 지시대명사의 부가어적 용법이다. 이때 정관사와 구별이 되지 않으므로 과거에는 der를 d e r로 철자 하나하나를 띄어서 사용했다. 즉,

D e r Hut dort rechts gehört mir.

여기서 강조된 D e r로 인해서 그것이 der Hut를 지시하는 것이 분명하다면 굳이 Hut를 다시 쓸 필요가 없다. 그래서

Der dort rechts gehört mir.

라고 쓸 수 있다. 여기서의 der는 명사 Hut를 포함하니까 명사적 용법인 것이다.

1) der, die, das, die 그, 그것/그 사람

지시대명사 중에서 가장 많이 쓰이고 정관사와 형태가 같으나, 단수 2격과 복수2, 3격에서 그 형태가 다르다. 지시대명사는 강조를 하니까 문장의 앞부분에 주로 사용된다.

	m.	f,	n.	pl.
1격	der	die	das	die
2격	dessen	deren	dessen	deren, derer
3격	dem	der	dem	denen
4격	den	die	das	die

Wo ist die Studentin? – **Die** ist in der Bibliothek.

Kennen Sie Herrn Müller? – Ja, **den** kenne ich gut.

Mein Bruder geht mit Herrn Schmidt und **dessen** Freund.

(Schmidt의 친구)

(비교: Mein Bruder geht mit Herrn Schmidt und seinem Freund.
내 형의 친구)

복수 2격의 derer는 관계대명사의 선행사로만 쓰인다.

Das Leben **derer**, die blind sind, ist schwer.

눈이 먼 사람들의 삶은 힘들다.

Das ist die Meinung **derer**, die immer dagegen sind.

이것이 늘 반대하는 사람들의 견해다.

das는 앞에 나온 명사를 받는 것 외에도, 소개의 뜻으로 쓰이거나 앞 문장 또는 뒤 문장 전체의 뜻을 받을 때도 사용된다.

Was ist das? – Das ist ein Schwimmbad.

Wer ist das? – Das ist Frau Schmidt. Sie ist Lehrerin.

Wer ist das? – Das sind Herr und Frau Müller.

Weißt du, wo er wohnt? – Ja, **das** weiß ich.

Das freut mich, dass du mir helfen willst.

네가 나를 돕고자 하는 것은 나를 기쁘게 한다.

※ 전치사와 지시대명사의 결합

① 앞 문장에 '전치사＋사물의 명사'가 있을 때

Warten Sie auf den Zug? - Ja, ich warte **darauf**.

Denken Sie an die Heimat? - Ja, ich denke **daran**.

고향을 생각하십니까? - 예, 나는 그것을 생각합니다.

② dass 문장과 zu＋부정사를 받은 때

Mein Freund freut sich **darüber**, dass sie in Hamburg ankommt.

내 친구는 그녀가 함부르크에 도착한 것에 대해 기뻐한다.

Ich bin **damit** zufrieden, viel Geld von der Firma zu bekommen.

나는 회사로부터 많은 돈을 받는 것에 대해 만족한다.

③ 앞 문장의 전체 내용을 받을 때

Kaufst du dir ein Wörterbuch? - Nein, **dafür** habe ich kein Geld.

2) dieser, jener, solcher

Dieser/Jener Zug fährt direkt nach Heidelberg.

이/저 기차는 하이델베르크로 직행한다.

A: Wem gehört die beiden Bücher?

　이 두 권의 책은 누구의 것이냐?

B: Dieses gehört mir und jenes meinem Vater.

　이것은 내 책이고 저것은 내 아버지의 책이다.

A: **Dieses/Jenes** Buch finde ich langweilig.

나는 이/저 책은 재미없다고 생각해.

Hast du kein interessanteres für mich?

더 재미있는 책이 없니?

B: Doch, schau aml, **dieses/jenes** gefällt dir sicher.

있지. 한 번 봐. 이것/저것은 분명 네 마음에 들 거야.

Er hat einen Sohn und eine Tochter.

Diese ist fleißig, **jener** ist faul.

후자(딸)은 부지런하고, 전자(아들)은 게으르다.

3) derselbe/ derjenige (똑)같은/그런

	m.	f.	n.	pl.
1격	derselbe	dieselbe	dasselbe	dieselben
2격	desselben	derselben	desselben	derselben
3격	demselben	derselben	demselben	denselben
4격	denselben	dieselbe	dasselbe	dieselben

Ich habe **dieselbe** Idee. 나는 같은 생각을 갖고 있다.

Sie hat immer noch **dieselben** Probleme.

그녀는 여전히 같은 문제를 갖고 있다.

Er trägt **denselben** Anzug wie das letzte Mal.

그는 지난번과 똑같은 양복을 입고 있다.

Mein Freund ist nicht mehr **derselbe**, der er war.

내 친구는 과거의 그가 아니다.

Er ist **derjenige**, der von der Polizei gesucht wurde.

그는 경찰이 찾고 있던 바로 그 자다.

Diejenigen, die zuviel rauchen, schaden sich selbst.

담배를 많이 피는 사람은 자신(의 건강)을 해친다.

A 알맞은 것을 고르시오.

1 Die Prüfung gefällt _____ nicht, die faul sind.

① der   ② dessen   ③ denen   ④ dem   ⑤ deren

2 Die Eltern kaufen der Tochter das Spielzeug. Sie spielt _____ .

① mit es   ② mit ihm   ③ damit   ④ womit   ⑤ worauf

3 Meine Schwester geht mit ihrer Lehrerin und _____ Sohn spazieren.

① derer   ② dessen   ③ denen   ④ der   ⑤ deren

4 Gott hilft nur _____, der sich selbst hilft.

① derjenige   ② diejenige   ③ desjenigen
④ demjenigen   ⑤ denjenigen

5 Ich bin _____ zufrieden, dass mein Sohn die Prüfung bestand.

① damit   ② dafür   ③ darauf   ④ daran   ⑤ darin

6 Die Zwillinge sind _____ Brüder, die an _____ Tage geboren sind.

① diejenigen, demselben   ② diejenige, denselben
③ diejenigen, denselben   ④ diejenige, demselben
⑤ diejenigen, derselben

7 Ich habe einen Sohn und eine Tochter. _____ ist eine Studentin und _____ ist ein Student.

① Dieser, jener   ② Diese, jener   ③ Dieses, jenes
④ Dieses, jener   ⑤ Diese, jenes

정답   1 ③   2 ③   3 ⑤   4 ④   5 ①   6 ①   7 ②

B ( ) 안에 정관사형 지시대명사를 넣으시오.

1 Welchen Kassettenrecorder möchten Sie gern?

     − Ich nehme ( ) zu 98 Mark.

2 Kennen Sie diesen Herrn?

     − Ja, ( ) kenne ich.

3 Kennen Sie diese Dame?

     − Nein, ( ) kenne ich nicht.

4 Haben Sie auch Schallplatten?

     − Nein, ( ) gibt es im Schallplattengeschäft.

> **정답**   1 den   2 den   3 die   4 die

C 알맞은 지시대명사를 써넣으시오.

1 Kennen Sie Herrn Müller? Nein, _____ kenne ich nicht.

2 Die Namen _____ , die hier begraben sind, werden wir nicht vergessen.

3 Welcher ist Ihr Mantel? _____ auf dem Stuhl gehört mir.

4 Folge dem Rat _____ , die es mit dir immer gut meinen!

5 Englisch und Deutsch stammen aus ein und _____ Sprachfamilie.

> **정답**   1 den   2 derer   3 Der(Derjenige)   4 derer   5 derselben
> 5 ein und derselbe: 뜻을 강조하기 위해 derselbe 앞에 ein und를 붙이는데,
> 이때 ein은 변화하지 않는다.

Schwarzfahren

Wenn man alleine ist, tut man manchmal komische Dinge: man singt im Auto, man spricht im Badezimmer, oder man tanzt im Aufzug. Wenn man glaubt, dass man ohne Kontrolle ist, dann tut man manchmal gefährliche Dinge: man nimmt etwas im Supermarkt mit und bezahlt nicht, man fährt 130 Kilometer schnell mit dem Auto, wo nur 90 erlaubt sind, oder man fährt im Bus ohne Fahrkarte.

Busfahren ist teuer, und jeder freut sich, wenn er drei oder fünf Euro sparen kann. Aber so einfach ist das nicht. Schwarzfahren ist gefährlich. Im Bus fahren nicht nur "normale" Leute. Nein, es gibt manchmal auch Kontrolleur. Die tragen normale Kleidung und sehen aus wie normale Leute.

Wenn man ohne Fahrschein fährt, dann ist man vielleicht etwas nervös. Schwarzfahren ist spannend. Nach zehn Minuten aber schaut man aus dem Fenster und träumt ein bisschen. Dann kommen die Kontrolleur und sagen: "Fahrausweis-kontrolle!"

Wenn der Kontrolleur dann zum zweiten Mal sagt: "Ihren Fahrschein bitte!", dann schauen alle andern Leute und denken: "So, so, schon wieder ein Schwarzfahrer!"

Die Situation ist nicht angenehm. Vor allem, weil Schwarzfahren 50 oder 60 Euro kostet. Man hat vielleicht kein Geld dabei, man wird rot im Gesicht, und die anderen Leute schauen so komisch. Man will so schnell wie möglich aus dem Bus, das geht aber nicht.

무임승차

사람들은 혼자 있으면 가끔 이상한 일을 한다. 즉, 사람들은 자동차 안에서 노래를 부르거나, 욕실에서 (혼자) 말을 하거나 혹은 엘리베이터 안에서 춤을 춘다. 사람들은 통제가 없다고 생각하면 가끔 위험한 일을 행한다. 즉, 사람들은 슈퍼마켓에서 물건을 가져가면서도 지급을 하지 않는다. 또한 사람들은 단지 (시속) 90킬로만 허용된 곳에서 130킬로로 빨리 자동차를 몰기도 한다. 혹은 사람들은 버스표 없이 버스를 타기도 한다.

버스를 타는 것은 비싸다. 누구나 3유로 또는 5유로를 절약할 수 있으면 기뻐한다. 하지만 그것은 그리 간단하지 않다. 무임승차는 위험하다.

버스에는 "보통의" 사람들만 타고 가는 것은 아니다. 그렇다. 가끔은 검표원들도 있다. 그들은 보통의(평범한) 옷을 입고, 보통 사람들처럼 보인다.

만일 사람들이 차표 없이 탄다면, 그렇다면 사람들은 아마도 초조해할 것이다. 무임승차는 긴장감이 넘친다. 하지만 (버스를 타고) 10분이 지나면 사람들은 창밖을 보며 약간 멍하니 있다. 그런 후 검표원들이 와서 이렇게 말한다. "차표 검사입니다!"

그런데 만일 그 검표원이 두 번째로 "차표를 좀 보여주시지요!"라고 말한다면, 그렇다면 모든 다른 사람들이 (그를) 쳐다보며 이렇게 생각한다. "음, 그래, 또 무임승차한 사람이군!"

상황은 유쾌하지 않다. 무엇보다도 무임승차는 50유로 내지 60유로를 지급해야 하기 때문이다. 아마 사람들은 수중에 돈이 한 푼도 없을 수도 있고, 얼굴이 빨개질 수도 있다. 그리고 다른 사람들이 너무도 이상하게 쳐다본다. 사람들은 가능한 한 빨리 버스에서 내리려고 한다. 하지만 그것은 여의치가 않다.

⬆ 포츠담: 브란덴부르크(Brandenburg) 주의 수도

15. 부사, 수사

1) 부사

독일어에서 부사는 그 수효가 얼마 없으며, 대개의 형용사는 아무 변화 없이 그대로 부사로 사용될 수 있다. 부사는 시간, 원인, 방법, 장소 등을 나타내며 어미변화를 하지 않는다. 아래에서 형용사와의 간단한 비교로 쉽게 부사를 이해할 수 있다.

형용사: Karl ist **fleißig**. Karl ist ein **fleißiger** Schüler.
부사: Karl lernt **fleißig**. Karl ist ein **fleißig** lernender Schüler.

형용사는 명사를 수식함에 있어서 어미변화를 하지만, 부사는 동사를 수식하든, 형용사를 수식하든 어미변화가 없다.

	의문부사	보기
시간의 부사	wann	**vorgestern, gestern, heute, morgen, übermorgen**, morgens 아침에, nachmittags, abends 저녁에, sonntags 일요일에, montags, morgen früh 내일 아침에, heute morgen 오늘 아침, gestern Abend 어제 저녁
	wie oft	**nie(niemals), selten, manchmal, oft, sehr oft, immer**, einmal 언젠가, damals 그 당시, kürzlich=neulich 최근에, bald 곧, sofort=gleich 즉시, später 후에
원인의 부사	warum (= weshalb)	darum=deshalb=deswegen=daher 그 때문에
방법의 부사	wie	leider 유감스럽게도, vielleicht, anders 달리, sicher 확실히, kaum 거의 ~ 아닌, ziemlich 꽤, 상당히...
장소의 부사	wo, wohin, woher	hier, dort, da, oben, unten, links 왼쪽에, rechts, vorn, hinten, nach links 왼쪽으로, nach unten, von oben...

Wann hast du den Film gesehen? - Vorgestern.

Sie ist krank. Deshalb kommt sie nicht.

Er war ziemlich müde.

Gehen Sie bitte nach rechts.

※ 주의해야 할 부사구

eines Tages 어느 날, eines Abends 어느 날 저녁에

erster Klasse 1등 차로, zweiter Klasse 2등 차로

einen Moment = einen Augenblick 잠깐만,

den ganzen Tag 하루 종일, die ganze Nacht 밤 내내,

jeden Tag 날마다, jede Woche 주마다

von Tag zu Tag = täglich = jeden Tag 날마다

von Zeit zu Zeit = ab und zu = manchmal 때때로

heute vor acht Tagen 지난주 오늘,

heute in acht Tagen 다음 주 오늘

im Allgemeinen = überhaupt 대체로, 일반적으로

in der Tat = tatsächlich 사실은

ohne Zweifel = zweifellos = sicher 의심 없이, 확실히

zum ersten Mal = zum erstenmal = zuerst 처음으로, 우선

zum letzten Mal = zum letztenmal = zuletzt 마지막으로

am Ende = endlich = schließlich 결국

zur Zeit = jetzt = nun 지금

auf einmal = plötzlich 갑자기

für immer = auf ewig 영원히

nach wie vor = noch immer 여전히

심화학습 nicht의 위치

1. 문장 전체를 부정하는 경우

　① 정동사만 있을 때: 문장 맨 뒤에 위치

Ich mag Bergsteigen **nicht**.나는 등산을 좋아하지 않는다.

Der Lehrer gab dem Kind das Buch **nicht**.

선생님은 아이에게 책을 주지 않았다.

　② 문장 끝에 술어 형용사, 과거분사, 동사원형, 분리전철이 있을 때:
　　그 앞에 위치

Der Film ist **nicht** interessant.그 영화는 재미가 없다.

Maria hat das Buch gestern **nicht** gelesen.

마리아는 어제 그 책을 읽지 않았다.

Hier darf man **nicht** schwimmen.여기서 수영하면 안 됩니다.

Er stand morgens früh **nicht** auf. 그는 아침 일찍 일어나지 않았다.

　③ 동사와 밀접한 관계가 있는 전치사구가 있을 때: 그 앞에 위치

Ich bleibe am Samstag **nicht** zu Hause.

나는 토요일에 집에 있지 않는다.

Ich freue mich **nicht** auf seinen Besuch.

나는 그의 방문에 대해 기뻐하지 않는다.

　④ '소유대명사+명사'가 있을 때: 그 앞에 위치

Das ist **nicht** mein Fahrrad, sondern seines.

그것은 내 자전거가 아니고 그의 것이다.(seines = sein Fahrrad)

2. 특정한 내용을 부정하는 경우: 부정하고자 하는 내용의 앞에 위치

Wir wohnen **nicht** hier. Wir wohnen in Hamburg.

Nicht er gab mir das Buch gestern.

어제 나에게 책을 주었던 것은 그가 아니다.

Nicht gestern gab er mir das Buch.

그가 나에게 책을 주었던 것은 어제가 아니다.

3. 이중으로 부정하는 경우

Er ist ohne Kinder, aber **nicht** ohne Hoffnung.

그는 아이는 없지만 희망이 없는 것은 아니다.

2) 수사

① 기수

1. 기수 읽기 - 기수는 일정한 수나 양을 나타낸다.

0 null			
1 eins	11 elf	21 einundzwanzig	101 hunderteins
2 zwei	12 zwölf	22 zweiundzwanzig	200 zweihundert
3 drei	13 dreizehn	30 **dreißig**	
4 vier	14 vierzehn	40 vierzig	1,000 tausend
5 fünf	15 fünfzehn	50 fünfzig	1,001 tausendeins
6 sechs	16 **sechzehn**	60 **sechzig**	2,000 zweitausend
7 sieben	17 **siebzehn**	70 **siebzig**	10,000 zehntausend
8 acht	18 achtzehn	80 achtzig	100,000 hunderttausend
9 neun	19 neunzehn	90 neunzig	1,000000 eine Million
10 zehn	20 **zwanzig**	100 hundert	2,000000 zwei Millionen
			1,000,000,000 eine Milliarde -n
			1,000,000,000,000 eine Billion -en

13~19까지는 3~9 숫자 뒤에 zehn을 붙이면 된다. 16과 17에 주의.

20~90까지는 2~9 숫자 뒤에 zig를 붙이면 된다. 20과 30, 60과 70에 주의.

21부터는 und가 들어가고, 숫자는 모두 붙여서 써야 한다.

2. 전화번호 읽기

연도는 hundert를 기준으로 해서 읽는다.

단, 1000~1099년, 2000~2099년은 보통의 숫자같이 읽는다.

1997 neunzehn**hundert**siebenundneunzig

2002 zweitausendzwei

연도만 표시할 때는 연도만 적거나 'im Jahr(e)+연도'의 형식을 사용한다.

Ich bin (im Jahr) 1989 in Seoul geboren.

(neunzehnhundertneunundachtzig)

전화번호는 보통 두 자리씩 끊어 읽지만 하나하나 숫자로 읽기도 한다.

42 98 35: zweiundvierzig achtundneunzig fünfunddreißig

또는 vier zwei neun acht drei fünf (zwei와 drei의 혼동을 막기 위해 zwei를 보통 zwo라고 읽는다)

3. 시간 표현

Uhr 시, 시각을 나타낼 때는 복수가 없다.(Minute f. -n 분, Sekunde f. -n 초)

지금 몇 시인지 물을 때는 Wie spät ist es? = Wie viel Uhr ist es?라

고 하면 된다. 아침 8시부터 9시까지를 일상적인 독일어 표현으로 사용하면 다음과 같다.

08:00 = Es ist acht Uhr des Morgens(=morgens)

08:05 = Es ist fünf (Minuten) nach acht.

08:10 = zehn nach acht

08:15 = **Viertel** nach acht

08:20 = zwanzig nach acht (= **zehn vor halb neun**)

08:25 = fünf vor halb neun

08:30 = **halb neun**

08:35 = fünf nach halb neun

08:40 = zehn nach halb neun

08:45 = **Viertel** vor neun

08:50 = zehn vor neun

08:55 = fünf vor neun

09:00 = Es ist neun Uhr morgens.

하지만 공항이나 기차역, 터미널 등에서는 공식적인 표현을 사용하는데 영어식 표현과 같다.

08:10 = acht Uhr zehn

08:55 = acht Uhr fünfundfünfzig

※ Es ist **ein** Uhr. = Es ist **eins**.(1시)

Das ist **eine** Uhr.(시계)

4. 단위 표현

유로화 der Euro, der Cent

1 Euro = 100 Cent

€ 3,40 (3,40 Euro) = drei Euro vierzig

€ 15, 90 (15,90 Euro) = fünfzehn Euro neunzig

€ 278, - (278 Euro) = zweihundertachtundsiebzig Euro

€ -,50 (-, 50 Euro) = fünfzig Cent

도량형

3,50 m = drei Meter fünfzig

2 Liter = zwei Liter

60 Kg = sechzig Kilo

3 Pfund = drei Pfund

20 ℃ = zwanzig Grad

6,3 % = sechs Komma drei Prozent

Geben Sie mir bitte 3 Stück Kuchen und 3 Flaschen Bier!

쿠키 세 조각과 맥주 세 병 주세요! (단위명사가 여성이면 복수형을 쓴다.)

5. 4칙 계산

3+4=7   Drei und(= plus) vier ist(= macht= gleich) sieben.

15-9=6 Fünfzehn weniger(= minus) neun ist(= macht= gleich) sechs.

5×8=40 Fünf mal acht ist(= macht= gleich) vierzig.

$12 \div 4 = 3$ Zwölf durch($=$ geteilt $=$ dividiert) vier

ist($=$ macht $=$ gleich) drei.

$2^3 = 8$ Zwei hoch drei ist($=$ macht $=$ gleich) acht.

② 서수

1. 서수 읽기 – 서수는 순서를 나타내며, 1부터 19까지의 기수에는 어미 –t를, 20 이상의 기수에 어미 –st를 붙인다. 서수가 명사 앞에 부가어로 사용되면 형용사 변화의 규칙을 따른다.

1. erst	11. elft	21. einundzwanzigst
2. zweit	12. zwölft	22. zweiundzwanzigst
3. dritt	13. dreizehnt	
4. viert	14. vierzehnt	30. dreißigst
5. fünft	15. fünfzehnt	40. vierzigst
6. sechst	16. sechzehnt	
7. sieb(en)t	17. siebzehnt	100. hundertst
8. acht	18. achtzehnt	1,000 tausendst
9. neunt	19. neunzehnt	백만 번째 millionst
10. zehnt	20. zwanzigst	

Er wohnt im dritten Stock. 그는 3층에 산다.(남성, 단수3격)

Fahren Sie bitte die erste Straße nach links!

왼쪽 첫 번째 길로 가시오!(여성, 단수4격)

2. 날짜, 요일 읽기

Der wievielte ist heute? 오늘은 며칠입니까?

– Heute ist der 7. (siebte) Februar 2023.

Den wievielten haben wir heute? 오늘은 며칠입니까?

- Heute haben wir den 7. (siebten) Februar 2023.

Wann sind Sie geboren?

- Ich bin am 20. 10. 1989 geboren.(am zwanzigsten zehnten)

Am wievielten hast du Geburtstag?

- Am 9. 3. habe ich Geburtstag.(am neunten dritten 또는 am neunten März)

- 요일을 물을 때는 was für ein Tag을 사용한다.

Was für ein Tag ist heute? Heute ist Montag.

하지만 Welcher tag ist heute?라고 물을 경우에는 앞뒤 문맥에 따라 날짜 또는 요일로 대답할 수 있다.

Heute ist Montag.

Heute ist der 5. Juli.

- 편지나 서류에 서명할 때는 도시명과 날짜를 같이 적는데, 이때는 날짜 앞에 정관사 den(4격)을 사용한다.

Hamburg, den 14. August 2022 = Hamburg, den 14. 8. 2022

3. 분수

분자 부분은 기수를 그대로 쓰고, 분모는 대문자로 서수+el로 표시한다.

1/2 = halb, eine Hälfte

1/3 = ein Drittel, 2/3 = zwei Drittel

1/4 = ein Viertel

1/5 = ein Fünftel

2/9 = zwei Neuntel

6/21 = sechs einundzwanzigstel

1½ = eineinhalb, anderthalb, ein und ein halb

2½ = zweieinhalb, dritthalb, zwei und ein halb

3½ = dreieinhalb, vierthalb, drei und ein halb

3⅓ = drei und ein Drittel

심화학습

1. 분수 중에서 1/2(halb)만 형용사의 격변화를 한다. anderthalb는 격변화를 하지 않는다.

Die Reise dauert ein halbes Jahr. 여행은 반 년 지속된다.

Ich brauche anderthalb Kilo Kartoffeln. 나는 1½kg 감자가 필요하다.

2. alle＋기수＋명사의 복수＝jede_＋서수＋명사의 단수 (매, ~~마다)

Das Schaltjahr kommt alle vier Jahre.

= Das Schaltjahr kommt jedes vierte Jahr. 윤년은 4년마다 온다.

Der Bus kommt alle 10 Minuten. 버스는 10분마다 온다.

3. zu＋서수: (몇) 씩이라는 뜻으로 어미변화는 없지만, zu＋기수이면 어미변화를 한다.

Wir gehen immer **zu dritt** (=zu dreien) spazieren.

우리는 언제나 세 사람이 산책한다.

Wir sind **zu viert** ins Kino gegangen. 우리는 넷이서 영화 보러 갔다.

A 알맞은 것을 고르시오.

1 Ich habe _____ bei der Prüfung so viele Fehler gemacht.

① gern ② fast ③ zum Glück

④ leider ⑤ zu meiner Freude

2 Mein Freund macht Examen. Ich sage zu ihm _____

① Gute Reise ② Schönen Gruß ③ Viel Vergnügen

④ Gute Besserung ⑤ Viel Glück

3 Maria sang _____ von allen.

① lauter ② lautest ③ am lautesten

④ aufs lauteste ⑤ der lautesten

4 Ich trinke jeden Morgen _____

① eine Tasse Kaffee ② eine Tasse Kaffees

③ eine Tasse des Kaffees ④ eine Tasse von Kaffee

⑤ eine Tasse den Kaffee

5 Heute ist Mittwoch, vorgestern war _____

① Freitag ② Montag ③ Sonntag

④ Samstag ⑤ Dienstag

6 Ich habe mich über Ihren Brief _____ 3. 10. sehr gefreut.

① am ② vom ③ zum ④ im ⑤ auf

7 Die dritte Jahreszeit ist _____

① 3 Uhr ② März ③ Mittwoch

④ Dienstag ⑤ Herbst

연습문제

8 Acht _____ zwei ist vier.

① durch ② mit ③ weniger ④ mal ⑤ gleich

9 Goethe und Schiller lebten im _____ Jahrhundert.

① achtzehnte ② achtzehnten ③ achtzehnt

④ achtzehn ⑤ achtzehntest

10 Ein Fünftel und _____ macht eins.

① vier fünft ② vier fünf ③ vier fünftel

④ viert Fünftel ⑤ vier Fünftel

11 Wie spät ist es? Es ist _____ Uhr.

① eins ② eine ③ ein ④ einer ⑤ einen

12 Der _____ ist heute? Heute ist der 20. März.

① vielte ② wievielte ③ vielter

④ wievielter ⑤ wievielten

> **정답** 1 ④ 2 ⑤ 3 ③ 4 ① 5 ② 6 ② 7 ⑤ 8 ① 9 ② 10 ⑤ 11 ③ 12 ②

B 적당한 말을 보기에서 고르시오.

> herein, kaum, unten, oft, genauso, links, ziemlich,
> leider, fast

1 Das weiß ich _____ auch nicht.

2 Sie ist _____ hübsch wie ihre Mutter.

3 Meine Großvater ist sehr krank. Er isst _____ nichts mehr.

4 (Es klingelt) Bitte, kommen Sie doch _____

5 Es ist schon _____ spät.

6 In Japan fährt man _____

7 Sie hat so leise gesprochen, dass ich _____ etwas verstanden habe.

8 Mein Vater ist gerade _____ im Keller.

9 Zuerst kam er _____, dann immer seltener.

> **정답**   1 leider   2 genauso   3 fast   4 herein   5 ziemlich   6 links   7 kaum
> 8 unten   9 oft

C 다음 숫자와 시간, 그리고 밑줄 부분을 독일어로 쓰시오.

1 89,50 Euro

2 268,– Euro

3 7.55 Uhr (공식적 표현과 일상적 표현)

4 14.15 Uhr (공식적 표현과 일상적 표현)

5 Deutsches Bier hat durchschnittlich 6% Alkohol.

6 Unter Kaiser Karl <u>V.</u> waren Deutschland und Spanien vereint.

7 Bitte, geben Sie mir 1/4 Pfund Butter!

8 Letzte Nacht war es sehr kühl. Es war 10°.

9 Peter ist 1,76m groß.

10 Wilhelm I. wurde am 18. Januar 1871 deutscher Kaiser.

정답 1 neunundachtzig Euro fünfzig   2 zweihundertachtundsechzig Euro
3 sieben Uhr fünfundfünfzig/fünf vor acht   4 vierzehn Uhr fünfzehn/
Viertel nach vierzehn   5 sechs Prozent   6 dem Fünften   7 ein viertel
8 zehn Grad   9 einen Meter sechsundsiebzig   10 der Erste, achtzehnten

---

D 알맞은 말을 넣으시오.

1 Alle _____ Jahre finden die Olympischen Spiele statt.

2 Jede _____ Jahre finden die Olympischen Spiele statt.

3 Ist es Viertel nach sieben? Nein, es ist schon halb acht.
Die Uhr geht _____

4 Ist es halb acht? Nein, erst Viertel nach sieben.
Die Uhr geht _____ Minuten vor.

5 Mir gefällt eine Rose besser als eine Tulpe.
= Mir gefällt eine Tulpe nicht so _____ wie eine Rose.

정답   1 vier   2 vierte   3 nach   4 fünfzehn   5 gut

Beethovenmuseum

Das Beethovenmuseum ist ein schönes Haus, das in der Bonngasse 20 liegt. Ohne Zweifel ist Beethoven einer der größten Komponisten, dessen Musik heute der ganzen Welt gehört. Die Ausstellungsstücke des Museums folgen dem Lebensweg Beethovens. Da kann man das erste Konzert sehen, das der sechsjährige Knabe in Bonn gab. Der Dreizehnjährige spielte als Musiker im Orchester des Kurfürsten. Mit fünfzehn Jahren war Beethoven schon zweiter Hoforganist in Bonn. Die Kirchenorgel, die er spielte, steht im Museum. Da steht auch der Flügel, an dem Beethoven seine großen Werke komponiert hat. Neben den Musikinstrumenten liegen die Handschriften seiner Werke. Die vielen Briefe an ihn und von ihm zeigen die hohe Anerkennung, die der Meister besonders in Wien fand, aber auch die schweren Sorgen die er tragen musste.

Neben vielen Alltagssorgen erfuhr er das bitterste Leid seines Lebens: die Krankheit, die ihn taub machte. Den dreißigjährigen, lebensfrohen Mann überfiel ein unheilbares Ohrenleiden. Er wehrte sich dagegen, aber sein Gehör wurde schlechter und schlechter. Der Kampf gegen die Krankheit machte Beethoven bitter und einsam. Immer größere Hörinstrumente brauchte er, um seine eigene Musik hören zu können. Der Fünfzigjährige war ganz taub. Auch die Hörinstrumente konnten ihm nicht mehr helfen. Ein tauber Musiker ist wie ein blinder Maler. Beide müssen ihren Beruf aufheben. Das ist ein hartes Schicksal. Aber Beethoven arbeitete weiter. Er schrieb seine größten Werke, ohne sie zu hören, und trug so den Sieg davon über das Schicksal, das ihn taub werden ließ. Kampf, Niederlage und Sieg, Trauer und Freude klingen aus seiner Musik. Mit 56 Jahren ist Beethoven gestorben. Dort hängt seine weiße Totenmaske.

베토벤 박물관

베토벤 박물관은 Bonngasse 20번지에 있는 아름다운 집이다. 의심의 여지없이 베토벤은 가장 위대한 작곡가들 중의 한 사람이다. 그의 음악은 오늘날 전 세계에 속한다(전 세계인의 것이다). 박물관의 진열품들은 베토벤의 인생행로를 추적한다(인생행로를 함께 걸어온 것들이다). 거기에서 사람들은 여섯 살의 소년이 본에서 연주했던 최초의 협주곡을 볼 수 있다. 13세의 소년은 음악가로서 선제후(選帝侯, 신성로마제국의 제후 가운데 황제의 선거권을 가졌던 일곱 사람의 제후)의 오케스트라에서 연주했다. 그가 연주했던 교회 오르간은 박물관에 (그대로) 있다. 거기에는 베토벤이 자신의 위대한 작품을 작곡했던 그랜드 피아노도 있다. 악기 옆에는 그의 작품의 자필 원고가 놓여 있다. 그가 주고받은 많은 편지는 그 대가가 특히 빈에서 얻었던 높은 칭송을 보여주고 있지만, 또한 그가 견뎌야 했던 심각한 근심도 보여주고 있다.

많은 일상의 근심거리와 더불어 그는 자기 인생의 가장 쓰라린 고통도 체험했다. 즉, 그를 귀머거리로 만든 병인 것이다. 삶을 즐기는 쾌활한 30세의 이 남자에게 불치의 귓병이 덮친 것이다. 그는 그 병에 저항했지만 그의 청력은 점점 더 악화되었다. 그 병에 대한 투쟁은 베토벤을 비참하고 고독하게 만들었다. 그는 자기 자신의 음악을 들을 수 있기 위해서 점점 더 큰 보청기가 필요했다. 50세의 그는 완전히 귀가 먹었다. 보청기도 그에게 더 이상 도움을 줄 수 없었다. 귀머거리 음악가는 눈이 먼 화가와 같다. 두 예술가는 자신들의 직업을 지양(止揚)해야만 한다. 그것은 가혹한 운명이다. 그러나 베토벤은 계속해서 일했다. 그는 자신의 작품을 듣지 못하면서도 위대한 작품을 썼다. 그래서 그는 귀머거리가 되게 한 운명을 극복하고 승리를 얻었다. 투쟁, 패배와 승리, 슬픔과 기쁨 등이 그의 음악에서 울려 나온다. 56세의 나이에 베토벤은 유명을 달리했다. 그곳에는 그의 백색의 데스마스크가 걸려 있다.

16. 접속사

접속사는 낱말과 낱말, 구와 구, 또는 문장과 문장을 연결하는 품사이며 어미변화를 하지 않는다. 대등접속사, 부사적 접속사, 종속접속사의 3종류와 접속사 역할을 하는 상관접속사가 있다.

종류	배어법	의미와 종류
대등접속사	정치법	주문장과 주문장, 또는 부문장과 부문장을 대등한 입장에서 연결; und, aber, sondern, oder, denn, allein, nämlich 등
부사적 접속사	도치법	부사로부터 전용된 접속사. 문두에 놓이면 도치법; so, also, dann, sonst, darum, dabei, außerdem 등
종속접속사	후치법	주문장과 부문장을 연결시키는 접속사. 부문장은 후치법. 그러나 부문장이 주문장보다 먼저 오면 주문장은 도치법이 된다; dass, ob, weil, als, wenn, während, nachdem, obwohl 등

1) 대등접속사(= 등위접속사 = 병렬접속사): 정치법

Der Elefant ist groß **und** (der Elefant ist) dick.

코끼리는 크고 뚱뚱하다.

Mein Freund **und** ich gingen zuerst ins Theater und dann in ein Café.

내 친구와 나는 먼저 극장에 갔다가 그리고 나서 어느 카페에 갔다.

Hilf mir bei der Arbeit, **und** ich helfe dir immer.

내가 일할 때 도와라, 그러면 나는 너를 항상 도울게.

Die Giraffe ist auch groß, **aber** nicht dick.

기린도 크지만 뚱뚱하지는 않다.

Maria geht ins Theater, **aber** Peter bleibt zu Hause.

Maria geht ins Theater, Peter **aber** bleibt zu Hause.

Maria geht ins Theater, Peter bleibt **aber** zu Hause.

Trinken Sie Tee **oder** Kaffee?

Arbeite fleißig, **oder** du wirst in der Prüfung durchfallen.

열심히 공부하라, 그렇지 않으면 너는 시험에 떨어질 것이다.

Die Giraffe ist nicht dick, **sondern** schlank.

기린은 뚱뚱하지 않고 날씬하다.

Er ist nicht zu Hause, **sondern** im Café.

Sie hat kein Geld, **sondern** nur Grundbesitz.

그녀는 돈은 없고, 오히려 부동산만 소유하고 있다.

Ich habe keine Zeit, **denn** ich muss gleich zum Arzt gehen.

나는 시간이 없다. 왜냐하면 바로 병원에 가야 하기 때문이다.

Mein Freund kann es, **allein** er will es nicht tun.

내 친구는 그것을 할 수 있다. 그러나 그는 그것을 하려고 하지 않는다.(aber보다 강한 뜻)

Er hatte einen Unfall, **nämlich** er ist zu schnell gefahren.

Er hatte einen Unfall, er ist **nämlich** zu schnell gefahren.

그는 사고를 냈다. 너무 빨리 달렸거든.('즉'이라는 뜻보다, 앞에 한 말의 근거를 제시할 때 사용한다. 접속사라기보다 부사로 사용되기 때문에 문장 중간에 주로 위치한다.)

2) 부사적 접속사: 도치법

① 결과: also, so

Sein Auto steht vor der Tür, **also** ist er zu Hause.

그의 차가 문 앞에 세워져 있다. 그러므로 그는 집에 있다.

② 이유: deshalb = deswegen =darum = daher

Mein Freund ist krank, **darum** besuche ich ihn täglich.

내 친구가 아프다. 그래서 나는 매일 그를 방문한다.

③ 시간: dann/danach(시간적 순서), da(일정 시점)

Zuerst kam ich an, **dann** kam meine Schwester.

먼저 내가 도착했고, 그런 다음 내 누이가 왔다.

Ich hörte die Geschichte, **da** musste ich lachen.

나는 그 이야기를 들었다. 그때 나는 웃지 않을 수 없었다.

④ 양보: trotzdem = dennoch

Er ist ein seltsamer Mensch, **trotzdem** habe ich ihm gern.

그는 괴상한 사람이다. 그럼에도 불구하고 나는 그를 좋아한다.

⑤ 그렇지 않으면: sonst

Verlassen Sie meine Wohnung, **sonst** rufe ich die Polizei.

내 집을 떠나 주시오, 그렇지 않으면 경찰을 부르겠소.

Arbeite fleißig, **sonst** wirst du in der Prüfung durchfallen.

열심히 공부하라, 그렇지 않으면 너는 시험에 떨어질 것이다.

3) 종속접속사: 후치법

① 시간: wenn/als(일정 시점), seit(dem)/während/bis(지속된 시간), nachdem/bevor(시간적 순서)

Als ich das hörte, musste ich weinen.

내가 그것을 들었을 때, 나는 울지 않을 수 없었다.(과거 1회적)

Wenn ich ihn besuchte, fand ich ihn lesen.

내가 그를 방문할 때마다, 나는 그가 독서하고 있는 것을 발견했다.(과거 반복적)

Wenn wir nach Berlin kommen, treffen wir unsere Freunde.

우리가 베를린에 갈 때마다, 우리는 우리 친구들을 만난다.(현재/미래)

Ich mache Pause, **wenn** ich mit dieser Arbeit fertig bin.

내가 이 일을 마치게 될 때(마치게 되면), 나는 휴식을 취한다.(현재/미래)

Seitdem er in Berlin angekommen ist, studiert er fleißig.

그는 베를린에 도착한 이래로 열심히 공부하고 있다.

Während sie in der Küche arbeitet, liest er Zeitung.

그녀가 부엌에서 일하는 동안, 그는 신문을 읽고 있다.

Warte bitte, **bis** ich fertig bin!

내가 마칠 때까지 기다려 주시오!

Nachdem sie gegessen hatte, ging sie spazieren.(주문장보다 먼저)

그녀는 식사를 한 후에 산책을 갔다.

Nachdem sie gegessen hat, geht sie spazieren.(주문장보다 먼저)

그녀는 식사를 한 후에 산책을 간다.

Bevor du ins Wasser springt, musst du dich waschen.(주문장보다 나중)

너는 물속에 들어가기 전에 몸을 씻어야 한다.

② 이유: weil / 양보: obwohl

Maria ging zum Arzt, **weil** sie erkältet war.(감기에 걸렸기 때문에)

Maria ging nicht zum Arzt, **obwohl** sie erkältet war.(감기에 걸렸음에도 불구하고)

③ 조건: wenn

Wenn ich Geld bekomme, (dann) kaufe ich den Computer.

내가 돈을 받으면 컴퓨터를 살 것이다.

Wenn ich Geld hätte, (dann) würde ich den Computer kaufen.(비현실 조건)

만약 내가 돈을 가지고 있다면, 컴퓨터를 살 텐데.(☞접속법 참조)

④ 비교: wie, als ob

Sie ist so alt, **wie** ich gedacht habe.

그녀는 내가 생각했던 만큼 나이가 들었다.

Er tut so, **als ob** er nichts wüsste.

그는 마치 아무것도 모르는 것처럼 행동한다. (☞접속법 참조)

⑤ 결과: so ~ dass/ sodass/ so dass

Es war schon so spät, **dass** kein Zug mehr fuhr.

시간이 이미 늦어져, 떠나는 기차는 더 이상 없었다.

Er war plötzlich erkrank, **so dass** er nicht an dem Spiel teilnehmen konnte.

그가 갑자기 병이 났다. 그래서 그는 그 경기에 참가할 수가 없었다.

cf) Der Ausländer spricht **zu** schnell, **als dass** ich ihn verstehen **könnte**.

= Der Ausländer spricht **so** schnell, **dass** ich ihn nicht verstehen **kann**.

그 외국인은 말을 너무 빨리 해서, 나는 그의 말을 이해할 수가 없다.

⑥ 목적: damit = auf dass = dass

Ich gebe meinem Sohn Geld, **damit** er sich einen neuen Laptop kaufen kann.

나는 내 아들에게 새 노트북을 살 수 있도록 돈을 준다.

⑦ 문장성분: dass, ob

Ich glaube, **dass** es morgen regnet.(목적어)

내일 비가 올 거라고 생각한다.

Es ist klar, **dass** er recht hat.(진주어)

그의 말이 옳다는 것이 명백하다.

Er ist *damit* zufrieden, **dass** er eine neue Stelle bekommt.(전치사의 목적어)

그는 새로운 일자리를 얻은 것에 대해 만족하고 있다.

Ich bin nicht sicher, **ob** er morgen kommt.

그가 내일 올지 어떨지 잘 모르겠다.

4) 상관접속사: 부사적 접속사가 복합적으로 쓰이는 것을 말한다.

① nicht A, sondern B (A가 아니라 B이다)

Er ist **nicht** dumm, **sondern** faul. 그는 멍청한 것이 아니라 게으르다.

② nicht nur A, sondern auch B = sowohl A als auch B

('A und B' 보다 강한 의미)

Sie spricht **nicht nur** Englisch, **sondern auch** Deutsch.

Nicht nur dein Vater, **sondern auch** deine Mutter geht(gehen)

heute ins Kino.

너의 아버지뿐만 아니라 너의 어머니도 오늘 영화관에 가신다.(동사는

단수, 복수 다 가능)

Sowohl ich **als auch** mein Freund studieren in Hamburg.

나도 내 친구도 함부르크에서 공부한다.(동사는 복수)

③ entweder A oder B ('A oder B' 보다 강한 의미)

Er isr **entweder** im Büro **oder** zu Hause.

그는 사무실에 있든지 집에 있든지 둘 중의 하나다.

④ weder A noch B (A도 아니고 B도 아니다)

Er ist **weder** im Büro **noch** zu Hause.

그는 사무실에도 없고 집에도 없다.

심화학습 1 kaum+과거완료, so(=da)/als+과거: ~ 하자마자

Kaum hatte er im Kion Platz genommen, **so(=da)** ging das Licht aus.

= **Kaum** hatte er im Kion Platz genommen, **als** das Licht ausging.

그가 영화관에서 자리에 앉자마자 불이 꺼졌다.

심화학습 2 es sei denn, dass ~ = außer wenn : ~ 하지 않는다면

Er kommt sicher morgen, **es sei denn**, **dass** er krank ist.

= Er kommt sicher morgen, außer wenn er krank ist.

그가 아프지 않다면 내일 꼭 온다.

A 알맞은 것을 고르시오.

1 Das Wetter war gestern so schlecht, _____ man nicht ausgehen konnte.

① als   ② dass   ③ ob   ④ wenn   ⑤ weil

2 _____ die Kinder sechs Jahre alt sind, müssen sie die Grundschule besuchen.

① Als   ② Wann   ③ Wenn   ④ Nachdem ⑤ Bevor

3 Wir reisen ab, _____ sie Sonne aufging.

① dass   ② wenn   ③ denn   ④ als   ⑤ nachdem

4 _____ der Lehrer die Regel erklärte, hörten die Schüler aufmerksam zu.

① Während   ② Nachdem   ③ Trotzdem
④ Denn   ⑤ Obwohl

5 _____ wir schließlich damit anfingen, war es schon halb elf.

① Wenn   ② Nachdem   ③ Sobald
④ Wann   ⑤ Als

6 Er besuchte mich immer, _____ er Zeit hatte.

① als   ② denn   ③ wann
④ nachdem   ⑤ wenn

7 Italien ist so schön, _____ man immer sagt.

① kaum   ② wie   ③ ehe   ④ als   ⑤ wenn

8 Die Kinder spielen draußen, _____ sie schon ihre Hausaufgaben gemacht haben.

① denn   ② bevor   ③ weil   ④ daher   ⑤ trotzdem

9 Kaum hatte er die Nachricht bekommen, _____ er ausging.

① als   ② so   ③ da   ④ dann   ⑤ wenn

10 Ich möchte nach Deutschland fahren, _____ ich die deutsche Sprache besser lernen kann.

① darauf   ② damit   ③ davon   ④ worauf   ⑤ womit

11 Arbeite fleißig, _____ wirst du sitzenbleiben müssen.

① und   ② so   ③ sonst   ④ dann   ⑤ wenn

12 _____ das Wetter nicht immer schön war, sind wir doch mit unserer Reise zufrieden.

① Während   ② Nachdem   ③ Trotzdem
④ Denn   ⑤ Obwohl

13 Der Ausländer spricht zu schnell, _____ dass ich ihn verstehen könnte.

① als   ② dass   ③ ob   ④ wenn   ⑤ weil

정답   1②   2③   3④   4①   5⑤   6⑤   7②   8③   9①   10②   11③
      12⑤   13①

B 알맞은 접속사를 골라 넣으시오.

> dass/ob, deshalb/trotzdem, als/wenn

1 Er hat gesagt, _____ er zurückkommt.

2 Ich möchte wissen, _____ er jetzt zu Hause ist. Ruf doch mal an!

3 Mein Freund ist sehr krank. Er kommt _____ ins Büro.

4 Ich habe den Bus verpasst, _____ bin ich leider zu spät gekommen.

5 _____ ich in Hamburg ankam, war es 9 Uhr abends.

6 _____ wir nach Berlin kommen, treffen wir unsere Freunde.

> **정답** 1 dass 2 ob 3 trotzcem 4 deshalb 5 als 6 wenn

C 다음 빈 칸에 알맞은 접속사를 골라 넣으시오.

> als, dass, nachdem, obwohl, während, weil

1 Der Arzt war nicht da, _____ er ihn gestern besuchte.

2 _____ sie kein Fieberthermometer hatte, konnte sie das Fieber nicht messen.

3 _____ sie hohes Fieber hatte, arbeitete sie fleißig weiter.

4 Hast du schon vergessen, _____ du das Bett nicht verlassen solltest?

5 _____ er das Buch fertig gelesen hatte, hat er es seinem Freund zurückgegeben.

6 _____ der Arzt die Patientin untersuchte, brachte die Sprechstundenhilfe ein Fieberthermometer.

7 Ich freue mich darüber, _____ du wieder ganz gesund bist.

정답 1 als 2 weil 3 Obwohl 4 dass 5 Nachdem 6 Während 7 dass

D 두 문장이 같은 뜻이 되도록 접속사를 넣으시오.

danach, deshalb, sowohl, trotzdem, weil, da

1 Wegen des Schnees kann ich nicht fahren.
_____ es schneit, kann ich nicht fahren.

2 Als ich in Göttingen lebte, war ich Student.
Ich lebte in Göttingen, _____ war ich Student.

3 Weil sie krank ist, bleibt sie zu Hause.
Sie ist krank, _____ bleibt sie zu Hause.

4 Obwohl er Fehler hat, mag ich ihn.
Er hat Fehler, _____ mag ich ih.

5 Meine Freundin spricht nicht nur Englisch, sondern auch Deutsch.
Meine Freundin spricht _____ Englisch als auch Deutsch.

6 Nachdem er Deutsch gelernt hatte, begann er sein Studium.
Er hat Deutsch gelernt, _____ hat er sein Studium begonnen.

정답 1 Weil 2 da 3 deshalb 4 obwohl 5 sowohl 6 danach

해석 연습

Geschenk

Wenn man bei Freunden und Bekannten eingeladen wird, dann kann man erwarten, dass alles schön vorbereitet ist. Das Haus ist ganz sauber und ein oder zwei Kuchen mit Kaffee werden angeboten. Die Gäste sowie die Gastgeber sind alle gut angezogen.

Sollte man am Nachmittag zu Kuchen und Kaffee oder am Abend zu einer Mahlzeit eingeladen werden, dann muss man schon pünktlich sein. Gäste bringen meistens Süßigkeiten für die Kinder der Familie und Blumen für die Gastgeberin mit. Nach deutscher Tradition entfernt man das Papier, bevor man der Gastgeberin die Blumen gibt. Wichtig ist hier: keine roten Rosen schenken, denn die sind nur für die Freundin oder die Ehefrau!

Einer der wichtigsten Feiertage in den deutschsprachigen Ländern ist Ostern. Ostern feiert man fast überall an drei Tagen, Karfreitag, Ostersonntag und Ostermontag. Es gibt sehr viele Bräuche, wie zum Beispiel diesen mit Ostereiern geschmückten Brunnen auf dem Photo. Die Traditionen sind von Region zu Region unterschiedlich. Viele stammen noch aus der vorchristlichen Zeit und sollten helfen, den Winter auszutreiben. In Norddeutschland zum Beispiel zündet man am Ostersonntag abends große Feuer an. Als Symbol für den Winter verbrennt man dann eine Figur aus Stroh. Im Schweizer Kanton Engadin vertreiben die Kinder den Winter mit viel Lärm. Sie tragen dabei blaue Kittel und rote Zipfelmützen. Die Erwachsenen schenken ihnen dafür Kuchen und Limonade, manchmal auch Geld.

선물

만일 사람들이 친구나 친지의 집에 초대받게 되면, (그 집에는) 모든 것이 멋지게 준비되어 있을 거라고 기대하게 된다. 그 집은 정말 깨끗하며 또 커피를 곁들인 한두 개의 케이크도 제공된다. 손님과 주인 모두가 잘 차려입고 있다.

만일 오후에 케이크와 커피를 (함께) 하자는 초대를 받거나 저녁에 식사 초대를 받게 되면, 사람들은 정확한 시간에 도착해야 한다. 손님은 대개 그 집의 아이들을 위해서는 달콤한 것들을 가져가고 안주인을 위해서는 꽃을 가져간다. 독일 전통에 따르면, 안주인에게 꽃을 전해주기 전에 (꽃 포장) 종이를 떼 낸다. 중요한 것은 바로 이것이다. 즉, 빨간 장미를 선물하지 않는다는 것이다. 왜냐하면 빨간 장미는 오직 여자 친구나 아내를 위한 것이기 때문이다!

독일어권 나라에서 가장 중요한 축제일 중의 하나는 부활절이다. 사람들은 3일 간에 걸쳐 거의 도처에서 부활절 축제를 여는데, 그 3일은 성금요일, 부활절 일요일, 부활절 월요일이다. (부활절 축제에는) 매우 많은 풍습이 있는데, 예를 들어 – 사진에서 보듯이 – 부활절 달걀로 장식된 분수처럼 말이다.

전통은 지역마다 다양하다. 많은 전통은 기원전 시대부터 유래하는데, 겨울을 내쫓는 데 도움을 주어야 했다. 예를 들어, 북독일에서 사람들은 부활절 일요일 저녁에 커다란 불을 점화시킨다. 그런 다음 겨울에 대한 상징으로서 사람들은 짚으로 만든 어떤 형상을 불태운다. 스위스의 엥가딘 주에서는 아이들이 많은 소음을 내어 겨울을 몰아낸다. 이때 아이들은 푸른 작업복과 붉은 나이트캡을 착용한다. 여기에 대한 대가로 어른들은 아이들에게 케이크와 레몬수를 선물하는데, 때로는 돈도 선사한다.

17. 관계대명사

관계대명사 문장(= 관계문장, 관계문)은 앞 문장의 명사나 대명사를 설명하는 역할을 한다. 관계대명사가 관계를 맺는 명사나 대명사를 선행사라 하는데, 관계대명사는 이 선행사의 <u>성</u>과 <u>수</u>와 일치해야 하고, <u>격</u>은 관계대명사 문장 안에서 결정된다. 먼저 다음 두 개의 문장에서 '관계대명사, 관계문장, 선행사'라는 용어를 쉽게 알아보자.

Der Schüler wohnt nicht hier. 그 학생은 여기에 살지 않는다.
Du hast den Schüler auf der Straße gesehen.
너는 그 학생을 길에서 보았다.

위 두 문장에서 공통적으로 들어있는 Schüler로 인해 이 두 문장은 하나의 문장으로 표현할 수 있다.

Der Schüler, **den du auf der Straße gesehen hast**, wohnt nicht hier.
<u>**네가 길에서 보았던 그 학생은**</u> 여기에 살지 않는다.
Du hast den Schüler, **der nicht hier wohnt**, auf der Straße gesehen.
<u>**여기에 살지 않는 그 학생을**</u> 너는 길에서 보았다.

위 두 문장에서 밑줄 친 부분이 '관계문장'이며, 관계문장의 맨 앞에 위치한 den, der가 '관계대명사'이며, 그 앞에 있는 Schüler가 '선행사'이다. 여기서 관계대명사 den, der가 나온 이유는 다음에 나오는 '관계대명사 변화' 도표를 보면 알 수 있다. 주의해야 할 독일어 관계문장의 규칙은 다음과 같다.

* 관계문장의 앞뒤 양쪽에 콤마(komma)를 넣어야 한다.
* 관계문장은 부문장이므로 동사를 관계문의 맨 끝에 위치시켜야 한다.
* 관계대명사는 단수2격과 복수2, 3격을 제외하고 정관사와 형태가 똑같다.
* 관계대명사에는 특정한 선행사를 취하는 정관계대명사(der)와 선행사를 포함하는 부정관계대명사(wer, was)의 두 가지 종류가 있다.

1) (정)관계대명사 der

① 관계대명사 der 변화

	남성	여성	중성	복수
1격	der	die	das	die
2격	**dessen**	**deren**	**dessen**	**deren**
3격	dem	der	dem	**denen**
4격	den	die	das	die

Er hat eine Tochter. Die Tochter ist sehr schön.

→ Er hat eine Tochter, die sehr schön ist.(1격)

Sie kauft einen Pullover. Die Farbe des Pullovers ist grün.

→ Sie kauft einen Pullover, dessen Farbe grün ist.(2격)

Der Arzt ist sehr berühmt. Ich schreibe dem Arzt einen Brief.

→ Der Arzt, dem ich einen Brief schreibe, ist sehr berühmt.(3격)

Er unterhält sich mit der Frau. Er hat die Frau gestern kennen gelernt.

→ Er unterhält sich mit der Frau, die er gestern kennen gelernt hat.(4격)

② 전치사+관계대명사

관계대명사가 관계문 내에서 전치사의 목적어인 경우에 전치사는 관계대명사의 앞에 위치한다.

Der Herr ist mein Onkel. Ich habe mit ihm gesprochen

→ Der Herr, **mit dem** ich gesprochen habe, ist mein Onkel.

내가 얘기를 나누었던 그 신사는 나의 삼촌이다.

선행사가 장소를 나타내는 경우에는 관계부사 wo를 사용할 수 있지만, 도시명이나 국가명인 경우에는 반드시 wo를 사용한다.

Das ist das Haus. Mozart ist in dem Haus geboren.

→ Das ist das Haus, **in dem**(= **wo** = **worin**) Mozart geboren ist.

여기가 모차르트가 태어났던 집이다.

Wir fahren nach Salzburg. In Salzburg finden jetzt die Festspiele statt.

→ Wir fahren nach Salzburg, **wo** jetzt die Festspiele stattfinden.

우리는 지금 축제 공연이 열리고 있는 잘츠부르크로 간다.

2) 부정관계대명사 wer, was

부정관계대명사 wer와 was는 선행사를 포함하며, 일반적인 사람이나 사물을 나타낸다.

① 격 변화

	wer	wes
1격	wer	was
2격	wessen	wessen
3격	wem	–
4격	wen	was

② 용법

Wer in der Stadt wohnt, fährt gern aufs Land.

도시에 사는 사람은 시골로 떠나는 것을 좋아한다.

Wer einmal lügt, dem glaubt man nicht.

한 번 거짓말하는 자를 사람들은 믿지 않는다.

Wem Gott gnädig ist, dem schenkt er ein langes Leben.

하느님은 자비를 베푼 자에게 장수(長壽)를 선물한다.

Was gut ist, (das) ist nicht immer teuer.

좋은 것이 언제나 비싼 것은 아니다.

Was du heute tun kannst, (das) verschiebe nicht auf morgen!

네가 오늘 할 수 있는 것을 내일까지 미루지 마라!

심화학습 다음과 같은 선행사가 오면 반드시 was를 사용한다.

1. 사물을 지칭하는 부정대명사: das, etwas, nichts, alles, vieles 등

Er sagte mir alles, was er wusste.

그는 자기가 알고 있는 모든 것을 내게 말했다.

Es gibt nichts, was mich interessiert.

내가 관심이 있는 것은 아무것도 없다.

2. 중성화된 형용사

Das Schönste, was wir je erlebt haben, ist die Reise.우리가 지금까지 경험했던 가장 아름다운 것은 그 여행이다.

3. 문장 일부나 절 전체를 받을 때

Er will jetzt schlafen, was ich gut verstehen kann.

그는 지금 자려고 하는데, 그것을 나는 잘 이해할 수 있다.

4. was 앞에 전치사가 오면 마찬가지로 '전치사+was'가 아니라 'wo(r)+전치사'로 쓴다.

Es gibt vieles, wofür ich mich interessiere.

내가 관심이 있는 것은 많이 있다.

Endlich hat sie ihr Auto repariert, worauf ich schon lange gewartet habe.

마침내 그녀는 자기 자동차를 수리했는데, 그것은 내가 오랫동안 기다렸던 것이다.

연습문제

A 알맞은 것을 고르시오.

1 Wie findest du die junge Dame, mit _____ du getanzt hast?

① die   ② dem   ③ wem   ④ was   ⑤ der

2 Der Lehrer, _____ Schüler fleißig lernen, ist glücklich.

① der   ② dessen   ③ dem   ④ den   ⑤ deren

3 Wer ist das Mädchen, _____ du angerufen hast?

① das   ② dessen   ③ die   ④ dem   ⑤ deren

4 Es gibt viele arme Menschen, _____ man helfen muss.

① die   ② den   ③ denen   ④ deren   ⑤ der

5 Der Junge, _____ Mutter ich kenne, ist sieben Jahre alt.

① der   ② dessen   ③ dem   ④ den   ⑤ die

6 Dort ist die Schule, _____ ich Deutsch gelehrt habe.

① wohin   ② womit   ③ worauf   ④ wo   ⑤ worüber

7 Alles, _____ er uns erzählt, ist nicht wahr.

① das   ② dasjenige ③ welches   ④ was   ⑤ womit

8 Die Dame, _____ ich gesprochen habe, ist meine alte Lehrerin.

① womit ② der ③ die ④ mit der ⑤ damit

9 Karl besuchte die Stadt Bonn, _____ Beethoven geboren wurde.

① in die ② in der ③ in dem ④ in den ⑤ in das

10 Es ist nicht alles Gold, _____ glänzt.

① das ② der ③ was ④ die ⑤ wer

11 Sie rief gestern plötzlich an, _____ wir nicht erwartet hatten.

① das ② dasjenige ③ welches ④ was ⑤ womit

12 _____ zuletzt lacht, _____ lacht am besten.

① Wer, das ② Wessen, der ③ Wem, dem
④ Wen, den ⑤ Wer, der

13 Er schenkt ihr _____, _____ sie sich wünscht.

① alle, was ② allen, wessen ③ alles, was
④ allem, wessen ⑤ alles, wessen

14 _____ mir hilft, _____ bin ich dankbar.

① Wer, der ② Wer, den ③ Wer, dem
④ Wessen, dem ⑤ Wessen, den

15 _____ einmal lügt, _____ kann man nicht vertrauen.

    ① Wessen, dem   ② Wer, den   ③ Wer, dem

    ④ Wer, der   ⑤ Wessen, den

> **정답** 1⑤ 2② 3① 4③ 5② 6④ 7④ 8④ 9② 10③ 11④
> 12⑤ 13③ 14③ 15③

B 알맞은 관계대명사, 또는 전치사+관계대명사를 넣으시오.

1 Das ist der Ring, _____ ich für dich gekauft habe.

2 Wer ist das Mädchen, _____ du die Blume gegeben hast?

3 Kennen Sie die Leute, _____ dieses Autos gehören?

4 Die Bibliothek, _____ Räume renoviert werden, ist zur Zeit geschlossen.

5 Das ist genau die Nachricht, _____ _____ ich gewartet habe.

6 Die Leute, _____ _____ ich wohne, sind sehr nett.

7 Das ist der Bus, in _____ wir einsteigen müssen.

8 Ich will dir das Haus zeigen, _____ _____ ich drei Jahre gewohnt habe.

> **정답** 1 den 2 dem 3 denen 4 deren 5 auf die 6 bei denen 7 den 8 in dem

C 다음 두 문장을 관계문장으로 만들어 보시오.

1 Meine Freundin schenkte mir das Buch. Ich wollte das Buch kaufen.

→ _____

2 Sie kennt den Mann. Der Koffer gehört dem Mann.

→ _____

3 Sie ist die Frau. Herr Schmidt hat gestern mit der Frau zusammen gegessen.

→ _____

4 Er hat das Auto im letzten Jahr verkauft. Er ist mit dem Auto oft nach Italien gefahren.

→ _____

5 Frau Müller studiert auch Medizin. Die Mutter der Frau Müller ist eine Ärztin.

→ _____

6 Ich gehe oft zur Stadtbibliothek. Die Lesesäle der Stadtbibliothek sind sehr groß.

→ _____

7 Wir fahren nach Salzburg. In Salzburg finden jetzt die Festspiele statt.

→ _____

8 Der Kaufmann besuchte mich heute. Der älteste Sohn des Kaufmanns wohnt in Berlin.

→ _____

정답

1 Meine Freundin schenkte mir das Buch, das Ich kaufen wollte.

2 Sie kennt den Mann, dem der Koffer gehört.

3 Sie ist die Frau, mit der Herr Schmidt gestern zusammen gegessen hat.

4 Er hat das Auto, mit dem er oft nach Italien gefahren ist, im letzten Jahr verkauft.

5 Frau Müller, deren Mutter eine Ärztin ist, studiert auch Medizin.

6 Ich gehe oft zur Stadtbibliothek, deren Lesesäle sehr groß sind.

7 Wir fahren nach Salzburg, wo jetzt die Festspiele stattfinden.

8 Der Kaufmann, dessen **ältester** Sohn in Berlin wohnt, besuchte mich heute. (dessen, deren+형용사+명사 → 형용사는 강변화 어미변화를 한다.)

해석 연습

Der Rattenfänger von Hameln (eine Sage)

1284 erschien in Hameln ein ungewöhnlicher Mann, der für Geld alle Mäuse und Ratten in der Stadt fangen wollte. Nachdem man ihm das Geld versprochen hatte, zog er seine Pfeife heraus und pfiff.

Sofort kamen aus allen Häusern die Mäuse und Ratten heraus, sammelten sich um ihn herum und folgten ihm durch die Straßen. Er führte sie aus der Stadt hinaus an einen Fluß, an die Weser, trat in das Wasser, und alle Ratten hinter ihm stürzten hinein.

Als es aber in der Stadt keine Ratten gab, tat den Bürgern das Geld leid, und trotz ihres Versprechens gaben sie es ihm nicht, so dass er zornig wegging. Am 26. Juni morgens kam er wieder, mit einem schrecklichen Gesicht und einem ungewöhnlichen roten Hut.

Er zog wieder seine Pfeife heraus. Diesmal aber kamen keine Ratten, sondern Kinder, große und kleine. Er führte sie alle aus der Stadt hinaus, in einen Berg hinein, in den Poppenberg. Ein Kindermädchen hat das gesehen. Da liefen die Leute vor die Stadttore und suchten ihre Kinder, aber alles war umsonst.

Keines der 130 Kinder ist wieder aus dem Berg zurückgekommen.

하멜른의 쥐잡이 (전설)

1284년 (독일 중부도시) 하멜른에 범상치 않은 한 남자가 나타났는데, 그 사람은 돈을 받고 도시에 있는 생쥐와 쥐를 전부 잡아주고자 하였다. 사람들이 그 남자에게 돈을 주겠다고 약속하자, 그는 자신의 피리를 꺼내어 불었다.

그러자마자 금방 집집마다 온갖 쥐들이 기어 나와 그 남자 주위로 모여들었으며, 그러고는 그 남자의 뒤를 따라 거리를 지나갔다. 그 남자는 쥐들을 시내 밖으로 데려갔는데 어느 강, 즉 베저강으로 데려갔다. 그 남자가 강물로 걸어 들어가니, 모든 쥐가 그 남자의 뒤를 따라 강물로 뛰어 들어갔다.

하지만 시내에 쥐들이 한 마리도 없게 되었을 때, 약속했던 그 돈은 시민들에게 고통을 주었다.(시민들은 약속했던 돈을 주기가 아까웠다.) 그래서 시민들은 약속을 했음에도 불구하고 그 남자에게 돈을 주지 않았다. 그래서 그 남자는 격분한 채 떠나버렸다. 6월 26일 아침에 그 남자는 다시 돌아왔는데, 끔찍하고 무서운 얼굴을 하고 이상하게 생긴 빨간 모자를 쓰고 있었다.

그 남자는 다시 자신의 피리를 꺼내었다. 하지만 이번에는 쥐들이 나온 게 아니라 크고 작은 아이들이 나왔다. 그 남자는 그 아이들 모두를 시내 밖으로 데려갔는데, 어느 산, 즉 '포펜베르크' 산속으로 데려갔던 것이다. 한 보모가 이 모습을 보았다. 그래서 사람들은 성문 앞으로 달려가 자기 아이들을 찾아보았지만 모든 것이 헛수고였다.

130명의 아이들 중 한 명도 그 산에서 다시 돌아오지 않았던 것이다.

18. 비인칭대명사, 부정대명사

1) 비인칭대명사

독일어 동사의 대부분은 주어의 인칭에 따라 어미가 변하는 인칭동사이지만, 오직 es만을 주어로 삼는 동사가 있는데 이를 **비인칭동사**라고 하며, 이때의 es를 **비인칭대명사**라고 한다.(Es regnet.) 앞서 배웠던 재귀동사, 재귀대명사를 한 세트처럼 알고 있어야 하듯, 비인칭동사도 비인칭대명사와 한 세트로 공부해야 한다. 또한 비인칭대명사 es는 인칭대명사 중성 es와 형태는 동일하지만 그것이 가리키는 중성명사는 존재하지 않아서 한국어로 옮기기도 힘들다. 비인칭대명사가 사용되는 경우는 대체로 다음 다섯 종류이다.

① 날씨, 기후 등의 자연현상의 동사

Es regnet/schneit/blitzt. 비가 온다/눈이 온다/번개가 친다.

Es ist regnerisch/wolkig/sonnig. 비가 온다/구름이 끼었다/해가 비친다.

Es ist kalt/warm/heiß/kühl. 춥다/따뜻하다/덥다/서늘하다.

Es ist heute warm. → Heute ist es warm.(es는 생략되지 않음.)

② 감정, 감각의 동사

Es freut mich. 기쁘다.

Es ärgert mich. 화난다.

Es interessiert mich. 재미있다.

Es langweilt mich. 지루하다.

Es ist mir kalt. → Mir ist kalt.(es가 생략됨)

③ 시간적 표현

Wie viel Uhr ist es? Es ist Viertel nach neun. 9시 15분이다.

Endlich ist es wieder Samstag. 드디어 다시 토요일이다.

Es ist Oktober. Es wird Winter.

Es ist heute Samstag. → Heute ist Samstag.(es가 생략됨)

④ 가주어, 진주어 (또는 가목적어, 진목적어)

Es macht mich traurig, dass sie wegfährt.

그녀가 떠난다는 것이 나를 슬프게 한다.

Ich weiß (es) sicher, dass er morgen kommt.

그가 내일 온다는 것을 나는 확실히 안다.

Es war mir unmöglich, früher zu kommen.

내가 일찍 온다는 것은 불가능하다.

⑤ 관용적 표현(es는 생략되지 않음.)

Wie geht **es** Ihnen? Danke, **es** geht mir gut.

Wie gefällt **es** Ihnen in Hamburg?함부르크가 마음에 드십니까?

Es gibt noch viele Möglichkeiten.아직 많은 가능성이 있다.

Es tut mir leid, Sie bald zu verlassen.

당신이 곧 떠난다니 유감입니다.

Er muss **es** eilig haben.그는 서둘러야 한다.

Es geht um meine Ehre.

= **Es** handelt sich um meine Ehre. 내 명예가 문제이다.

2) 부정대명사

부정대명사란 특정한 사람과 사물을 지시하는 것이 아니라, 정해져 있지 않은 막연한 것을 나타내는 대명사로서, 사람과 사물을 나타내는 두 종류가 있다.

① 사람의 부정대명사: man, jemand, niemand, jedermann

1격	man	jemand	niemand	jedermann
2격		jemand(e)s	niemand(e)s	jedermanns
3격	einem	jemand(em)	niemand(em)	jedermann
4격	einen	jemand(en)	niemand(en)	jedermann

Man darf hier nicht rauchen.

여기서 흡연을 하면 안 된다.

Der Lärm stört einen sehr.

소음은 매우 방해가 된다.

Man soll dankbar sein, wenn einem ein guter Rat gegeben wird.

좋은 충고를 받으면 감사할 줄 알아야 한다.

Haben Sie jemand(en) getroffen? Nein, ich habe niemand(en) gesehen.

누구를 만났나요? 아뇨, 아무도 보지 못했어요.

② 사물의 부정대명사: etwas, nichts

Hast du **etwas** zu essen? Nein, ich habe **nichts** zu essen.

먹을 것 좀 있니? 아니, 먹을 게 아무것도 없어.

Er will der **etwas** sagen. 그는 네게 무언가 말하고 싶어 한다.

Ich schenke meinem Sohn **nichts** zum Geburtstag.

나는 아들에게 생일날 아무것도 선물하지 못했다.

Gibt es **etwas Neues** in dieser Stadt? Nein, **nichts Neues.**

이 도시엔 새로운 것이 있느냐? 아니, 아무것도 없어.

③ 사람, 사물의 부정대명사

1. einer, keiner

	m.	f.	n.	pl.
1격	einer(keiner)	eine(keine)	ein(e)s(kein(e)s)	welche(keine)
2격				
3격	einem(keinem)	einer(keiner)	einem(keinem)	welchen(keinen)
4격	einen(keinen)	eine(keine)	ein(e)s(kein(e)s)	welche(keine)

Ich suche einen Kellner. – Da kommt **einer.**

Liegt dort ein Kuli?　　　 – Ja, hier liegt **einer.**

　　　　　　　　　 – Nein, hier liegt **keiner.**

Gibst du ihm ein Heft? – Ja, ich gebe ihm **ein(e)s.**

　　　　　　　　 – Nein, ich gebe ihm **kein(e)s.**

Trinken Sie noch eine Limonade? – Nein, **keine** mehr.

Sind Kinder im Garten? – Ja, dort sind **welche.**

　　　　　　　　　 – Nein, dort sind **keine.**

Haben Sie Bücher? – Ja, ich habe **welche.**

2. all, viel, wenig, einig

	all		viel	
	단수	복수	단수	복수
1격	alles	alle	vieles	viele
2격		aller		vieler
3격	allem	allen	vielem	vielen
4격	alles	alle	vieles	viele
	'사물'을 나타냄. '사람의 집합체'도 나타냄.	단독으로 쓰일 때: 사람을 나타냄. 앞에 나온 명사를 받을 때: 사람 또는 사물을 나타냄.	'사물'을 나타냄	단독으로 쓰일 때: 사람을 나타냄. 앞에 나온 명사를 받을 때: 사람 또는 사물을 나타냄.

Alles in Ordnung. 만사가 잘 되고 있다.

Bitte, **alles** aussteigen! Hier ist Endstation. 모두 하차! 종착역입니다.

Wir lernen **vieles** in der Schule. 우리는 학교에서 많은 것을 배운다.

Vor dem Gesetz sind **alle** gleich. 법 앞에 만인은 동등하다.

Gestern haben mich **viele** besucht, aber nur **wenige** sind bis Mitternacht geblieben.

어제 많은 사람이 나를 방문했는데, 소수의 사람만이 자정까지 남았다.

cf) 부가어적으로 쓰일 때는 정관사 어미변화를 한다.

Aller Anfang ist schwer. 시작이 반이다.

Dieses Zimmer hat **viele** Fenster. 이 방은 많은 창문이 있다.

Er hat gestern **einige** Bücher gelesen.

cf) 물질명사, 추상명사 앞의 viel, wenig — 어미변화 하지 않음.

Viel Spaß! **Viel** Erfolg! Vielen Dank!(이때 Dank는 보통명사)

Ich habe zwar **viel** Geld, aber **wenig** Zeit.

나는 돈은 많지만 시간은 거의 없다.

3. ein paar, ein wenig, ein bisschen — 복수명사 동반, 어미변화하지

   않음.

Ich kaufe **ein paar** billige Bücher.

나는 두서너 권의 값싼 책들을 산다.

Wir kommen in **ein paar** Tagen zurück.

우리는 며칠만 지나면 돌아온다.

Können Sie mir **ein weing** Geld leihen?

돈 좀 빌려주실 수 있습니까?

Das ist **ein bisschen** kompliziert.

그것은 약간 복잡하다.

A 알맞은 것을 고르시오.

1 Es hungert _____. Ich möchte etwas zu essen haben.

① mir   ② mich   ③ sich   ④ selbst   ⑤ sie

2 Im Frühling wird es sehr _____.

① kalt   ② kühl   ③ heiß   ④ dunkel   ⑤ warm

3 Wie gefällt es _____ hier in Hamburg?

① Ihr   ② Ihrer   ③ Ihre   ④ Sie   ⑤ Ihnen

4 Es interessiert _____ Musik.

① mich für   ② mir für   ③ mir mit

④ mich mit   ⑤ mich an

5 Er ist ein guter Mann; er hilft _____.

① keines   ② niemand   ③ allen   ④ viele   ⑤ alle

6 Man soll dankbar sein, wenn _____ ein guter Rat gegeben wird.

① ihm   ② dem   ③ jedem   ④ einem   ⑤ ihn

7 Ich wünsche dir für die Zukunft _____.

① all Gutes   ② alles Gute   ③ alles gutes

④ einige Gute   ⑤ alle Guten

8 Ich schreibe _____ meiner Freunde einen Brief.

① jedem   ② jeder   ③ jedes   ④ jeden   ⑤ jede

9 Haben Sie Bäume in Ihrem Garten? Ja, ich habe _____.

① jede   ② sie   ③ welche

④ welchem   ⑤ solchen

10 _____ der Länder am Bodensee hat seinen besonderen Reiz.

① Jede   ② Jeder   ③ Jedem   ④ Jedes   ⑤ Jeden

정답   1② 2⑤ 3⑤ 4① 5③ 6④ 7② 8① 9③ 10④

B 알맞은 부정대명사를 골라 넣으시오.

> man, wenig, jemand, nichts, niemand, alles

1 Ich möchte jetzt schlafen und mit _____ sprechen.

2 Ich habe Ihnen schon _____ gesagt, was ich weiß.

3 In Deutschland und Österreich spricht _____ Deutsch.

4 Ich weiß nicht, wo er wohnt. Ich habe lange _____ von ihm gehört.

5 Weiß _____ von Ihnen, wie spät es ist?

6 Ich kann leider keine große Reise machen. Ich habe nur _____ Geld.

정답   1 niemand 2 alles 3 man 4 nichts 5 jemand 6 wenig

밑줄 친 곳에 알맞은 부정대명사나 부정수사를 써넣으시오.

1 Man muss _____ Pflicht tun.

2 Deutschland ist _____ der größten Industrienationen.

3 Um _____ gehen Sie nach Hause?−Um vier Uhr.

4 Hast du keinen Füller?−Doch, ich habe _____.

5 _____ Geschwister seid ihr?−wir sind drei.

정답   1 seine 2 eine 3 wieviel 4 einen 5 Wie viele

필요한 곳에 비인칭대명사 es를 넣으시오.

1 In Korea regnet _____ stark, wenn ein Taifun kommt.

2 Hier wird _____ ein neues Haus gebaut.

3 Was gibt _____ heute Abend im Fernsehen?

4 Heute ist _____ der 25. Februar.

5 Komm, wir gehen nach Hause. Bald wird _____ dunkel.

6 Wie gefällt _____ Ihnen in Hamburg?

7 Mir ist _____ sehr kalt.

정답   1 es 2 × 3 es 4 × 5 es 6 es 7 ×

해석 연습

Kaffee

Kaffee ist das Lieblingsgetränk der Deutschen; sie trinken ungefähr 170 Liter pro Kopf im Jahr. Guter Kaffee gehört ebenso zum Frühstück wie frisches Brötchen. Aber manche Leute trinken auch im Laufe des Tages vor allem am Nachmittag noch weitere Tassen. Zu einer traditionellen Geburtstagsfeier gehören Kaffee und Kuchen oder Torte am Nachmittag. Der Sonntagsspaziergang schließt oft einen Besuch in einem der vielen Cafés oder Ausflugslokale ein. In Kurorten und Bädern gibt es zahlreiche Cafés für die Kurgäste, und auch viele Studenten treffen sich auf einen Kaffee in Studentencafés. Wien ist für seine Kaffeehauskultur bekannt, die nach der Belagerung Wiens durch die Türken 1683 begonnen haben soll. Die Türken ließen ein paar Säcke Kaffee zurück, und ein geschäftstüchtiger Wiener gründete damit 1684 das erste Wiener Kaffeehaus. In den Kaffeehäusern trafen sich Künstler und Schriftsteller aber auch andere Leute natürlich um sich zu unterhalten und Zeitung zu lesen.

커피

커피는 독일인들이 가장 애호하는 음료다. 다시 말해 독일인들은 일인당 연간 대략 170리터의 커피를 마신다. 좋은 커피는 갓 구운 빵만큼이나 아침 식사에 속한다. 하지만 상당수의 사람은 하루 동안 특히 오후에도 여전히 계속해서 커피를 마신다.

전통적인 생일파티에 속하는 것으로는 오후의 커피와 쿠키 또는 커피와 케이크이다. 일요일 산책은 자주 여러 카페 중의 한 곳이나 야외식당 중의 한 곳의 방문을 포함한다(일요일 산책으로 자주 방문하게 된다). 요양지와 온천에는 요양객을 위한 수많은 카페가 있다. 많은 대학생도 역시 학생회관 카페에서 커피를 한잔 마시려고 서로 만난다. 빈은 커피하우스 문화로 유명한데, 커피하우스 문화는 1683년 터키가 빈을 점령한 이후에 시작되었다는 소문이다. 터키인들은 몇 자루 커피 포대를 남겼는데(남기고 떠났는데), 그것을 가지고 1684년 장사 수완이 좋은 어느 빈 사람이 최초의 빈 커피하우스를 창설했다. 여러 커피하우스에서는 예술가와 작가들이 만났는데, 당연히 대화를 나누거나 신문을 읽기 위해서 여러 다른 사람들도 서로 만났다.

⬥ 오스트리아 빈(Wien)의 슈테판 대성당

⬢ 프랑크푸르트: 독일 경제와 금융의 중심지, 유럽 중부의 허브 도시

19. 수동문

능동문이란 주어가 동작을 행하는 것이고, 수동문이란 주어가 동작을 받는 것이다. 수동문의 형태를 도표로 보면 다음과 같다.

능동: 주어   + 동사   + <u>목적어(=4격)</u>

수동: <u>주어(=1격)</u> + werden   + +von+3격   +과거분사

이 표를 풀이하면, 능동문의 4격 목적어는 수동문에서 <u>주어로</u>, 능동의 동사는 수동문에서 <u>werden+과거분사</u>로, 능동문의 주어는 수동문에서 <u>von+3격</u>으로 바뀌는 것이다.

Mein Freund schreibt einen Brief.

Ein Brief wird von meinem Freund geschrieben.

1) 수동문의 시제

현재: Ein Brief wird von meinem Freund geschrieben.

과거: Ein Brief wurde von meinem Freund geschrieben.

미래: Ein Brief wird von meinem Freund geschrieben werden.

현재완료: Ein Brief ist von meinem Freund geschrieben worden.

과거완료: Ein Brief war von meinem Freund geschrieben worden.

* 현재완료(과거완료) 수동문에서처럼 werden이 수동문을 만든 조동사로 쓰이는 경우에 werden의 과거분사 형태는 'geworden'이 아니라 'worden'이다.

능동문의 주어가 직접적인 행위자라면 von+3격, 간접적인 매개자(수단/도구)라면 durch+4격으로 나타낸다.

Der Brief wird von dem Schüler geschrieben.

Das Haus wurde durch ein Feuer zerstört.

그 집은 화재에 의해 무너져 내렸다.

하지만 행위자가 누구인지 중요하지 않을 때는 'von＋행위자, durch＋
매개자'를 자주 생략한다.

Man trinkt in Deutschland viel Bier.(능동)

→ In Deutschland wird viel Bier getrunken.(수동)

Gestern wurde der Geldschrank zerstört. Alles Geld wurde
gestohlen.

어제 금고가 박살났다. 모든 돈이 도난당했다.

2) 자동사의 수동

4격 목적어가 없는 수동문에서는 비인칭대명사 es가 주어 자리에 위치
하는데, 만약 다른 문장성분이 도치되어 첫째 자리에 오면 es는 탈락
된다.

Man arbeitet sonntags nicht. 일요일에 (사람들은) 일하지 않는다.

→ Es wird sonntags nicht gearbeitet.

→ Sonntags wird nicht gearbeitet.

Man tanzt im Saal. 홀에서 (사람들은) 춤을 춘다.

→ Es wird im Saal getanzt.

→ Im Saal wird getanzt.

3) 화법조동사가 있는 문장의 수동

수동형에 화법조동사가 오는 경우, 화법조동사는 인칭변화를 하고 '과거분사+werden'이 문장 뒤에 온다.

> 화법조동사+······　과거분사+werden

현재: Man muss jetzt das Gesetz ändern.

　→ Das Gesetz muss jetzt geändert werden.

과거: Man musste jetzt das Gesetz ändern.

　→ Das Gesetz musste jetzt geändert werden.

현재완료: Man hat jetzt das Gesetz ändern müssen.

　→ Das Gesetz hat jetzt geändert werden müssen.

과거완료: Man hatte jetzt das Gesetz ändern müssen.

　→ Das Gesetz hatte jetzt geändert werden müssen.

심화학습

윗문장 현재/과거완료 수동태가 부문장으로 사용될 때 정동사 hat/hatte의 위치에 유의해야 한다.

Ich weiß, dass das Gesetz jetzt geändert werden müssen hat.(×)

Ich weiß, dass das Gesetz jetzt hat geändert werden müssen.(○)

Ich weiß, dass das Gesetz jetzt geändert werden müssen hatte.(×)

Ich weiß, dass das Gesetz jetzt hatte geändert werden müssen.(○)

4) (동작)수동과 상태수동

지금까지 언급한 수동은 모두 동작수동이다. 동작수동은 동작이나 행위수행 자체를 나타내지만, 상태수동은 동작이나 행위수행의 결과를 나타낸다.

Man schließt die Tür.

→ Die Tür wird geschlossen. 문이 닫혀 진다. [동작수동]

→ Die Tür ist geschlossen. 문이 닫혀있다. [상태수동 − 문을 누군가 닫았고, 지금은 닫혀져 있는 상태를 표시한다.]

Der Kuchen wird gebacken. 쿠키가 (오븐에서) 구워지고 있다.

Der Kuchen ist gebacken. 쿠키가 (이제 다) 구워졌다.

※ 상태수동은 장소의 이동이나 상태의 변화를 나타내는 현재완료형과 마찬가지로 'sein+과거분사'의 형태이다. 이 둘의 구별은 동사가 자동사이냐, 타동사이냐에 따라 행해진다. 동사가 자동사라면 현재완료이고, 타동사라면 상태수동이다.

현재완료형: Mein Freund ist gerade angekommen.

내 친구는 막 도착했다.

상태수동: Der Brief ist eingeschrieben.

그 편지는 등기로 부쳐졌다.

A 알맞은 것을 고르시오.

1 Wann schließen die Geschäfte? Sie _____ um 19 Uhr geschlossen.

① sind   ② haben   ③ können   ④ wird   ⑤ werden

2 Das Paket wurde mir _____ meinem Onkel _____ einen Boten geschickt, nicht _____ der Post.

① von, durch, mit   ② von, mit, durch

③ von, von, durch   ④ durch, von, mit

⑤ von, durch, von

3 Die Fahrkarten _____ von dem Reisebüro _____

① haben, bestellt   ② werden, bestellt

③ wird, bestellt   ④ sind, bestellt

⑤ sind, gebestellt

4 Ich habe viele Briefe geschrieben, aber _____ wurde nicht geantwortet.

① ich   ② meiner   ③ mir   ④ mich   ⑤ meine

5 Gestern abend gegen 23 Uhr _____ mein Auto gestohlen _____

① hat, worden   ② wird, werden   ③ ist, geworden

④ hat, geworden   ⑤ ist, worden

6 Ist er ins Krankenhaus gebracht worden? Ja, er _____ gebracht.

① ist   ② war   ③ hatte   ④ wurde   ⑤ hat

7 Die Rede wurde _____ dem Professor gehalten und
_____ den Rundfunk übertragen.

① von, mit   ② durch, mit   ③ durch, von

④ von, durch   ⑤ von, von

정답   1⑤   2①   3②   4③   5⑤   6④   7④
        2. mit der Post 우편으로

B 다음 문장을 수동태로 고치시오.

1 Maria schloss die Tür.

→ Die Tür _____

2 Luther übersetzte die Bibel ins Deutsche.

→ Die Bibel _____

3 Karl reparierte das Fahrrad.

→ Das Fahrrad _____

4 Herr Kim hat ein Doppelzimmer reserviert.

→ Ein Doppelzimmer _____

5 Wir haben einen kostenfreien Internetzugang in jedem
Zimmer angeboten.

→ Ein kostenfreier Internetzugang _____

6 Seine Freunde haben ihn häufig angerufen.

→ Er _____

C 다음 문장을 수동태로 바꾸시오.

1 Die Polizisten mussten den Autounfall untersuchen.

→ _____

2 Das ganze Buch kann man bis Freitag lesen.

→ _____

3 Die Schüler mussten die Frage beantworten.

→ _____

4 Können alle die Frage verstehen?

→ _____

5 Das schwierige Problem kann der Chef eines Tages erledigen.

→ _____

6 Er hat seinem Freund helfen müssen.

→ _____

Frankfurt am Main

Frankfurt am Main, mit über 700,000 Einwohnern ist als lebhafte Handels- und Messestadt weltberühmt. So wird sie jährlich von sehr vielen Ausländern besucht. Im Mittelalter war sie Schauplatz von Kaiserwahlen und -krönungen, so dass wir hier an ihre reiche historische Vergangenheit erinnert werden.

Während des zweiten Weltkrieges wurde Frankfurt aufs schwerste getroffen. Deshalb sollte der Wiederaufbau gründlich geplant und durchgeführt werden. Heute gilt Frankfurt als eine der fortschrittlichsten deutschen Städte. Doch darf man keineswegs vergessen, dass auch die alte Tradition bei der Wiederherstellung berücksichtigt wurde.

Als Beispiele davon sind zu nennen: das alte Rathaus, der Dom (die Krönungskirche vieler deutscher Kaiser), die Paulkirche (der Ort der ersten deutschen Nationalversammlung 1848) und das Geburtshaus Goethes mit dem Goethemusuem. Bei uns ist dieses Haus am bekanntesten, wo der größte deutsche Dichter Johann Wolfgang Goethe am 28. August 1749 geboren wurde. Das Originalhaus ist leider 1944 durch Bomben zerstört worden. Aber es ist wieder nach dem Originalplan aufgebaut worden. So weit als möglich wurden auch die alten Steine benutzt.

마인강 변의 프랑크푸르트

인구 70만 명 이상을 가진 마인강 변의 프랑크푸르트는 활발한 상업 도시와 박람회 도시로 유명하다. 그래서 이 도시는 매년 매우 많은 외국인에 의해 방문되고 있다. 중세 시대에 이 도시는 황제 선거와 황제 대관식이 거행된 무대였다. 그래서 우리는 이곳에서 이 도시의 풍부한 역사적 과거를 회상하게 된다.

제2차 세계대전 동안 프랑크푸르트는 실로 엄청난 폭격을 당했다. 그 때문에 재건(축)은 철저하게 계획되고 실행되어야만 했다. 오늘날 프랑크푸르트는 독일의 가장 발전된 도시 중의 하나로 간주된다. 그렇지만 사람들은 재건(축)할 때 오랜 옛 전통도 고려되었다는 사실을 결코 잊어서는 안 된다. 그것의 예(例)로서 다음과 같은 것들을 들 수 있다. 말하자면 구 시청, 대성당(많은 독일 황제의 대관식이 거행된 교회), 파울 교회(1848년 최초의 독일 국민의회가 열린 장소) 그리고 괴테 박물관이 있는 괴테의 생가 등이다. 우리에게는 독일의 가장 위대한 시인 요한 볼프강 괴테가 1749년 8월 28일에 태어났던 이 집이 가장 잘 알려져 있다. 원래의 집은 유감스럽게도 1944년 폭탄에 맞아 파괴되었다. 그러나 그 집은 원상복구 계획에 따라 다시 지어졌다. 가능한 한 아주 폭넓게 옛 돌들도 이용되었다.

⬆ 슈베린: 메클렌부르크-포어폼메른(Mecklenburg-Vorpommern) 주의 수도

20. 부정사, 분사

1) 부정사

부정사(= 부정법, 부정형)란 어형 변화를 하지 않은 기본형(= 원형)이라는 뜻이다. 부정사에는 'zu 없는 부정사'와 'zu 부정사'가 있다.

① zu 없는 부정사(= 단순 부정사)

1. 미래시제를 나타낼 때

Ich werde ihn morgen besuchen. 나는 내일 그를 방문할 것이다.

Sie wird mich lieben. 그녀는 나를 사랑하게 될 것이다.

2. 화법조동사와 함께 쓰일 때

Frau Meier muss ihren Mann anrufen.

마이어 부인은 자기 남편에게 전화해야 한다.

Die Jungen wollen Fußball spielen. 꼬마들이 축구를 하려고 한다.

3. 지각동사, 사역동사와 함께 쓰일 때

Ich sehe ihn kommen. 나는 그가 오는 것을 본다.

Ich lasse das Kind im Garten spielen.

나는 그 아이를 정원에서 놀도록 한다.

4. lernen, lehren, gehen, bleiben과 함께 쓰일 때

Die Kinder lernen in der Schule lesen.

아이들은 학교에서 읽는 것을 배운다.

Er lehrt mich Deutsch sprechen.

그는 나에게 독일어로 말하는 것을 가르친다.

Ich gehe mit meinen Freunden schwimmen.

나는 내 친구들이랑 수영하러 간다.

Bleiben Sie ruhig sitzen! 조용히 앉아 있으세요!

5. 명사적으로 쓰일 때

Reden ist Silber, Schweigen ist Gold. 웅변(= 말)은 은이요, 침묵은 금이다.

Irren ist menschlich. 실수를 하는 것은 인간적이다.

Parken verboten! 주차금지

② zu 부정사

1. 주어로 사용

Viel Kaffee zu trinken ist der Gesundheit schädlich.

= Es ist der Gesundheit schädlich, viel Kaffee zu trinken.

커피를 많이 마시는 것은 건강에 해롭다.

Früh aufzustehen ist für mich sehr schwer.

= Es ist für mich sehr schwer, früh aufzustehen.

일찍 일어나는 것은 나로서는 매우 어렵다.

2. 술어(= 보어)로 사용

Meine Hoffnug ist (es), auf eine schöne Insel zu gehen.

Jene Dame scheint krank zu sein. 저 숙녀는 아픈 것처럼 보인다.

3. 동사의 목적어로 사용

Er hat gehofft, sie bald in Deutschland wiederzusehen.

그는 그녀를 곧 독일에서 다시 만나기를 바랐다.

Ich finde es wichtig, Aufgaben selbst zu machen.

나는 숙제를 스스로 한다는 것을 매우 중요하다고 생각한다.

* 다음과 같은 동사들은 zu부정사를 목적어로 취하기 때문에, 문장에서
이런 동사들이 나오면 빨리 뒤에 나오는 zu부정사를 찾아야 한다.
anfangen시작하다, beginnen시작하다, versuchen시도하다,
versprechen약속하다, vorschlagen제안하다, brauchen필요로 하다,
bitten부탁하다, aufhören중지하다 등

4. 부가어로 사용

Ich habe keine Lust, mit ihr auszugehen.

나는 그녀와 함께 외출하고 싶은 마음이 없다.

Heute habe ich nichts zu tun. 오늘 나는 할 게 아무것도 없다.

Er ist nicht fähig, eine fremde Sprache zu lernen.

그는 외국어를 배울 능력이 없다.

5. 'da(r)+전치사'와 함께 사용

Ich habe davon geträumt, auf einer schönen Insel zu leben.

나는 어느 아름다운 섬에서 사는 것을 꿈꾼다(동경한다).

Ich freue mich darauf, nach Italien zu reisen.

나는 이탈리아로 여행하는 것에 대해 기뻐한다.

6. 전치사(um, ohne, (an)statt)와 함께 사용

Sie fährt in die Stadt, um einen Schreibtisch zu kaufen.

그녀는 책상을 사기 위해서 시내로 간다.

Er ging vorüber, ohne seinen Lehrer zu grüßen.

그는 자기 선생님에게 인사하지 않고 지나갔다.

Anstatt ins Kino zu gehen, besuchen sie ein Museum.

그들은 영화관에 가는 것 대신에 박물관을 방문한다.

7. dass-/damit- 부문장을 부정사구로 단축하기

* 주문장의 주어와 부문장의 주어가 일치하는 경우

Minho verspricht, dass er vorsichtig fährt.

→ Minho verspricht, vorsichtig zu fahren.

  조심해서 운전하겠다고 약속한다.

* 주문장의 목적어와 부문장의 주어가 일치하는 경우

Peter bittet Maria, dass sie zu seiner Geburtstagsfeier kommt.

→ Peter bittet Maria, zu seiner Geburtstagsfeier zu kommen.

  페터는 마리아에게 자기 생일파티에 와 달라고 부탁한다.

* 부문장의 주어가 man과 같은 일반적인 사람을 나타내는 경우

Es ist nicht möglich, dass man einen so guten Pullover zu dem Preis kauft.

→ Es ist nicht möglich, einen so guten Pullover zu dem Preis zu kaufen.

  그렇게 좋은 스웨터를 그 가격에 사는 것은 불가능하다.

* damit-부문장의 주어와 주문장의 주어가 일치하는 경우: um ... zu 부
정사 구문(...하기 위해서)

Sie müssen Deutsch lernen, damit sie die Prüfung bestehen.

→ Sie müssen Deutsch lernen, um die Prüfung zu bestehen.

당신은 시험에 합격하기 위해서 독일어를 공부해야 한다.

심화학습 중요한 관용적 표현

* sein+zu 부정사(~할 수 있다, ~되어야 한다)

Seine Aussprache ist kaum zu verstehen.

그의 발음은 거의 이해할 수 없다.

= Seine Aussprache kann kaum verstanden werden.

Dieses Gesetz ist streng zu befolgen.

이 법은 엄격하게 준수되어야 한다.

= Dieses Gesetz muss streng befolgt werden.

* haben+zu 부정사 (~해야 한다)

Ich habe noch wichtige Briefe zu schreiben.

나는 아직 중요한 편지들을 써야 한다.

= Ich muss noch wichtige Briefe schreiben.

Jeder Mensch hat seine Pflicht zu tun.

사람마다 자기의 의무를 다해야 한다.

= Jeder Mensch muss seine Pflicht tun.

* pflegen＋zu 부정사 (~하곤 한다)

Peter pflegt jedes Wochenende Tennis zu spielen.페터는 주말마다
테니스를 치곤 한다.

* im Begriff sein＋zu 부정사 (막 ~하려고 하다)

Ich war im Begriff zu gehen. 나는 막 떠나려던 참이었다.

* in der Lage sein/imstande sein/fähig sein/vermögen/wissen＋부
  정사 (~할 수 있다)

Er ist in der Lage, morgen früh aufzustehen.

= Er ist imstande, morgen früh aufzustehen.

= Er ist fähig, morgen früh aufzustehen.

= Er vermag, morgen früh aufzustehen.

= Er weiß morgen früh aufzustehen.

= Er kann morgen früh aufstehen. 그는 내일 일찍 일어날 수 있다.

③ 완료 부정사

> 형태: 과거분사＋zu haben/sein

단순 부정사(＝현재 부정사)는 그 부정사가 사용된 문장의 동사와 같은
시제를 나타내고, 완료 부정사는 그 부정사가 사용된 문장의 동사보다 앞
선 시제를 나타낸다.

Er behauptet, in der Schweiz zu sein. 그는 스위스에 **있다**고 주장
한다.

Er behauptet, in der Schweiz gewesen zu sein. 그는 스위스에 **있었다**고 주장한다.

Er behauptet, gestern in Dresden geblieben zu sein. 그는 어제 드레스덴에 **머물렀다**고 주장한다.

Damals schien er viel getrunken zu haben. 당시에 그는 많이 **취했었던** 것처럼 보였다.

2) 분사

분사는 동사에서 파생된 것으로 형용사의 성질을 겸한다. 현재분사, 과거분사, 미래분사 세 종류가 있으며, 부가어적, 명사적, 술어적, 부사적 용법으로 사용된다.

① 형태

현재분사	동사의 부정형+d	(자동사) reisend 여행하는
		(타동사) lobend 칭찬하는
과거분사	동사의 과거분사	(자동사) gereist 여행한–완료의 뜻
		(타동사) gelobt 칭찬받은–수동의 뜻
미래분사	zu+현재분사(타동사)	(자동사) 없음
		(타동사) zu lobend 칭찬받을 수 있는

현재분사는 어떤 일이 일어나고 있는가? 라는 진행의 의미이고, 과거분사는 어떤 일이 일어났는가? 라는 완료와 수동의 의미이며, 미래분사는 미래의 뜻은 전혀 없고 수동 가능의 의미만 있다. 미래분사에는 자동사를 사용할 수 없다.

② 용법

부가어적, 명사적 용법에서는 형용사 성질을 띤 분사가 어미변화를 하지만, 술어적, 부사적 용법에서는 어미변화를 하지 않는다.

1. 부가어적 용법: 어미변화를 함

Wer ist das singende Kind? 노래 부르고 있는 아이는 누구인가?

Der zum Unfallsort geeilte Arzt konnte die Kinder retten.

사고 장소로 급히 달려간 의사는 아이들을 구할 수 있었다.

Der von allen gelobte Sänger ist hier angekommen.

모든 사람으로부터 칭찬 받은 가수가 이 곳에 도착했다.

2. 명사적 용법: 어미변화를 함

Ein Reisender fragte mich nach dem Weg zum Hauptbahnhof.

한 여행객이 나에게 중앙역으로 가는 길을 물었다.

Der Verletzte schreibt seiner Freundin einen Brief.

그 부상자는 자기 여자 친구에게 한 통의 편지를 쓴다.

3. 술어적 용법: 어미변화 없음

Sie hat ein entzückendes Kleid an.

그녀는 (눈길을 끄는) 예쁜 드레스를 입고 있다.

Die Geschäfte sind alle geschlossen. 상점들은 모두 문을 닫았다.

Der Fahrer ist schwer verletzt. 운전자는 심하게 다쳤다.

4. 부사적 용법: 어미변화 없음

Der Minister antwortet lächelnd. 장관은 미소 지으며 대답한다.

Das Kind kam weinend von der Schule heim.

아이는 울면서 학교에서 집으로 돌아왔다.

Laut singend laufen die Kinder in die Schule.

노래를 크게 부르며 아이들은 학교로 달려간다.

Dort kommt mein Freund gelaufen. 저기 내 친구가 달려서 온다.

심화학습 미래분사는 zu + 현재분사의 형태이며, 수동의 가능으로 사용된다. 미래분사가 포함된 문장은 아래와 같이 여러 문장으로 치환할 수 있다.

Das ist ein leicht zu lösende Problem

그것은 쉽게 풀릴 수 있는 문제다.

= Das ist ein Problem, das leicht zu lösen ist.

= Das ist ein Problem, das sich leicht lösen lässt.

= Das ist ein Problem, das man leicht lösen kann.

= Das ist ein Problem, das leicht gelöst werden kann.

A 알맞은 것을 고르시오.

1 Wollen Sie arbeiten? Ich _____ keine Lust _____

① habe, zu arbeiten   ② will, arbeiten

③ bin, zu arbeiten   ④ habe, arbeiten

⑤ bin, arbeiten

2 Die Gäste gingen früh am Abend _____

① geschlafen   ② schlafend   ③ zu schlafen

④ schlafen   ⑤ zu schlafend

3 Wir sehen die Kinder im Garten _____

① spielen   ② spielend   ③ zu spielen

④ gespielt   ⑤ zu spielend

4 Hast du die Kinder in der Schule _____

① gesungen, gehört   ② zu singen, hören

③ zu singen, gehört   ④ gesungen, hören

⑤ singen, hören

5 Der Lehrer _____ die Schüler früher nach Hause gehen.

① muss   ② braucht   ③ darf   ④ wird   ⑤ lässt

6 Es ist nicht so leicht, _____

① Deutsch, lernen   ② zu lernen, Deutsch

③ Deutsch, zu lernen   ④ lernen Deutsch

⑤ lernen, zu Deutsch

7 Der Kaufmann scheint früher sehr reich _____

① zu sein   ② zu gewesen sein

③ gewesen zu sein   ④ gewesen zu haben

⑤ gewesen sein

8 Der Lehrer lehrt _____ Deutsch _____

① die Schüler, zu sprechen

② den Schüler, zu sprechen

③ die Schüler, sprechen

④ den Schülern, sprechen

⑤ den Schülern, zu sprechen

9 Keine Wolke _____ zu sehen, und der See lag schön vor uns.

① ist   ② war   ③ hat   ④ hatte   ⑤ wird

10 Ich weiß, dass er die Frage nicht _____

① lösen gekonnt hat   ② hat lösen können

③ lösen können hat   ④ hat lösen gekonnt

⑤ gelöst gekonnt hat

11 Die Soldaten marschieren _____ durch die Stadt.

① singen   ② gesungen   ③ singend

④ zu singen   ⑤ zu singend

12 Die hübsche Dame fragte mich _____ auf deutsch.

① lächeln   ② zu lächeln   ③ gelächelt

④ lächelnde   ⑤ lächelnd

13 In der Stadt _____, suchte er seinen Freund auf.

① ankommen　　② ankommend　　③ angekommt

④ angekommen hat⑤ angekommen

14 Er lobt das Kind, und ich gebe dem _____ Kind ein Buch.

① gelobten　　② gelobtem　　③ lobende

④ lobenden　　⑤ zu lobenden

15 Die am meisten _____ Bücher sind nicht immer die besten.

① gelesenen　　② gelesen　　③ lesende

④ lesenden　　⑤ zu lesenden

16 Dieser Roman ist ein _____ Werk.

① lobender　　② lobendes　　③ zu lobendes

④ zu lobender　　⑤ zu lobendem

정답　1① 2④ 3① 4⑤ 5⑤ 6④ 7③ 8③ 9② 10② 11③
12⑤ 13⑤ 14① 15① 16③

B 다음 부문장이 들어간 문장을 부정사 구문으로 전환하시오.

1 Es ist verboten, dass man im Kino raucht.

→ _____

2 Er behauptet, dass er das Geld verloren hat.

→ _____

3 Er arbeitet fleißig, damit er sein Ziel schneller erreicht.

→ _____

4 Julia geht zur Kasse, damit sie zahlen kann.

→ _____

5 Sie nahm eine Schlaftablette, damit sie leichter einschlafen konnte.

→ _____

6 Das Wasser ist zu kalt, als dass man darin baden könnte.

→ _____

정답

1 Es ist verboten, im Kino zu rauchen.
2 Er behauptet, das Geld verloren zu haben.
3 Er arbeitet fleißig, um sein Ziel schneller zu erreichen.
4 Julia geht zur Kasse, um zahlen zu können.(=um zu können)
5 Sie nahm eine Schlaftablette, um leichter einschlafen zu können.
   (=um leichter einzuschlafen)
6 Das Wasser ist zu kalt, um darin baden zu können.(=um darin zu baden)

C 두 문장의 뜻이 같게 밑줄 부분을 알맞게 써넣으시오.

1 Das Auto, das in der Mozartstraße parkte, wurde gestohlen.

= Das in der Mozartstraße _____ Auto wurde gestohlen.

2 Indem er die Zeitung las, schlief er ein.

= Die Zeitung _____, schlief er ein.

3 Er will die Ausstellung, die von vielen besucht wurde, sehen.

= Er will die von vielen _____ Ausstellung sehen.

4 Er hat ein Deutsch, das kaum verstanden werden konnte, gesprochen.

= Er hat ein kaum _____ _____ Deutsch gesprochen.

5 Weil sie schlecht sieht, fährt sie nicht Auto.

= _____ ihrer schlechten Augen fährt sie nicht Auto.

6 Ich kaufe den Pullover, obwohl der Preis hoch ist.

= Ich kaufe den Pullover _____ des hohen Preises.

7 Als wir in Berlin ankamen, schien die Sonne.

= _____ unserer Ankunft in Berlin schien die Sonne.

8 Es ist heute so kühl, als ob es Herbst wäre.

= Es ist heute so kühl _____ im Herbst.

9 Das Haus auf dem Berg kann deutlich gesehen werden.

= Das Haus auf dem Berg _____ deutlich zu seheh.

정답 1 parkende 2 lesend 3 besuchte 4 zu verstehendes 5 Wegen
6 trotzdem 7 Bei 8 wie 9 ist

해석 연습

Sprache und Schrift

Nur der Mensch hat Sprache und Schrift. Höherentwickelte Tiere können wohl ihrer Freude und ihrem Schmerz, ihrer Angst oder ihrer Wut Ausdruck geben: sie bellen, brüllen, schreien oder singen. Doch nur der Mensch kann seinen Mitmenschen auch Gedanken verständlich machen, denn bei ihm hängen Denken und Sprechen zusammen. Da der Mensch nicht isoliert, sondern in einer Gemeinschaft lebt, nimmt er die Denkweise dieser Gemeinschaft und damit auch ihre Sprache an. Die Denkweise einer jeden Gemeinschaft hat sich ihren eigenen Ausdruck geschaffen. So sind einerseits miteinander verwandte Sprachen entstanden, andererseits Sprachen, die sich von anderen Sprachen radikal unterscheiden. Dennoch sind Vokale und Konsonanten allen Sprachen gemeinsam. Aber die Menschen haben nicht nur sprechen, sondern auch schreiben gelernt. Selbst in früher Zeit haben nahezu alle Völker versucht, ihre Sprache auch aufzuzeichnen. Hierbei bedienten sie sich verschiedener Zeichen, die sie aneinanderreihten, und so entstand die Schrift. Die ersten Zeichen waren reine Bildzeichen, die entweder Gegenstände oder Handlungen darstellten. Dieses Prinzip ist noch heute in den rund vierzigtausend Zeichen der chinesischen Schrift zu erkennen. In den europäischen Sprachen aber ist jeder einzelne Buchstabe ein Zeichen, das mit der Bedeutung des Wortes nichts mehr gemein hat.

언어와 문자

인간만이 언어와 문자를 가지고 있다. 고도로 발달된 동물들은 아마도 그들의 기쁨과 슬픔, 공포나 분노를 표현할 수 있다. 다시 말해, 그들은 짖고, 울부짖고, 고함을 지르거나 노래 부른다. 하지만 인간만이 자기 주위 사람들에게 생각(까지)도 이해시킬 수 있다. 왜냐하면 인간에게는 생각과 말이 연관관계에 있기 때문이다. 인간은 고립되어 사는 것이 아니라 공동체 속에서 살기 때문에, 이 공동체의 사고방식과 더불어 공동체의 언어도 받아들인다. 각 공동체의 사고방식에 따라 인간의 독특한 표현이 만들어졌다. 그래서 한편으로는 서로 유사한 언어가 생겨나고, 또 한편으로는 다른 언어와 근본적으로 구별되는 언어가 생겨났다. 그럼에도 불구하고 모음과 자음은 모든 언어에 공통적이다. 하지만 인간들은 말하는 법뿐만 아니라 쓰는 법도 배웠다. 옛날에도 거의 모든 민족은 자신들의 언어를 역시 기록해 두려고 노력했다. 이때 그들은 나란히 배열한 여러 상이한 기호를 사용하였는데, 그래서 문자가 생겨났던 것이다. 최초의 기호는 대상(물체) 또는 행동(행위)을 묘사하는 순수한 형상 기호였다. 이러한 원칙은 오늘날에도 여전히 중국 문자의 약 4만 개의 기호에서 알 수 있다. 하지만 유럽의 언어에서는 모든 개개의 문자는 낱말의 의미와 아무런 공통점이 없는 기호인 것이다.

21. 접속법

동사가 여러 가지를 서술하는 방식을 화법이라고 하는데, 여기에는 세 가지 방법이 있다. 직설법, 접속법, 명령법이다. 그러니까 접속법은 동사와 관련된 표현이라는 얘기다. 이 세 가지 화법은 모두 동사(의 어미)가 각각 다르게 표현된다.

직설법: Du kommst hier. Du kamst hier.
접속법: Du kommest hier. Du kämest hier.
명령법: Komm!

접속법은 독일어로 Konjunktiv라고 하는데, 원래의 의미는 "연결하다, 접속하다"의 뜻이다. 그 쓰임은 직설법과 완전히 다른 차원이므로, 당연히 직설법의 동사 변화와는 다르다. 직설법이 '사실의 표현'이라고 한다면, 접속법은 '가능성, 불확실함, 비현실적인 것의 표현'이라고 할 수 있다.

접속법에는 1식과 2식 두 종류가 있는데, 간단하게 구별하면 접속법 1식은 '그럴 듯한 사실'에 쓰이고(현재동사 사용), 접속법 2식은 터무니없는 사실에 쓰인다(과거동사 사용).

※ 직설법과 접속법의 동사 변화

	직설법	접속법
ich	-e	-e
du	-st	-est
er/sie/es	-t	-e
wir	-en	-en
ihr	-t	-et
sie	-en	-en

1) 접속법 1식

동사의 부정형 어간＋접속법 어미의 형태를 가지며, 주로 간접화법과
요구화법(기원, 3인칭 단수에 대한 명령)에서 사용된다.

	접속법 어미	sagen	gehen	werden	haben	können	sein
ich	-e	sage	gehe	werde	habe	könne	sei
du	-est	sagest	gehest	werdest	habest	könnest	seiest
er/sie/es	-e	sage	gehe	werde	habe	könne	sei
wir	-en	sagen	gehen	werden	haben	können	seien
ihr	-et	saget	gehet	werdet	habet	könnet	seiet
sie/Sie	-en	sagen	gehen	werden	haben	können	seien

① 간접화법

Maria sagte: "Ich komme zum Abendessen"

→ Maria sagte, dass sie zum Abendessen **komme**.

→ Maria sagte, sie komme zum Abendessen.

Meine Mutter fragt: "Wann willst du spazieren gehen?"

Meine Mutter fragt, wann ich spazieren gehen **wolle**.

Mein Vater fragt: "Gehst du übermorgen ins Theater?"

Mein Vater fragt, **ob** ich übermorgen ins Theater **ginge**.

(접속법 1식형이 직설법과 같은 경우 접속법 2식형을 쓴다.)

Er sagte am Telefon: "Denk nicht daran!" 그것에 대해 생각하지 마!

Er sagte am Telefon, ich **solle** nicht daran denken.

(간접화법의 명령은 sollen 동사를 이용한다.)

② 기원문과 3인칭에 대한 명령

Lang lebe meine Eltern! 부모님께서 오래 사시기를!

Gott segne den König! 왕께 신의 가호를!

Man nehme täglich eine Tablette nach einer Mahlzeit.

매일 식후 알약 하나를 드세요!

Man denke an die Umwelt! 환경을 생각합시다!

③ 접속법 1식의 시제

접속법 시제에는 현재, 과거, 미래형이 있다. 주의할 것은 접속법에서는 시제가 직설법에서처럼 그렇게 엄격하게 구분되지 않는다는 점이다.

	직설법	접속법 1식
현재	Er sagt: "Ich fahre mit dem Bus."	Er sagt, dass er mit dem Bus fahre.(현재)
미래	Sie sagt: „Ich werde nach Seoul fahren."	Er sagt, dass er nach Seoul fahren werde.(미래)
과거	Er sagte: "Ich kaufte gestern das Buch."	
(현재완료)	Er sagte: "Ich habe gestern das Buch gekauft."	Er sagte, dass er gestern das Buch gekauft habe.(과거)
(과거완료)	Er sagte: "Ich hatte gestern das Buch gekauft."	

직설법에서의 과거(현재완료, 과거완료)는 접속법에서 완료(haben/sein+p.p.) 형태로 하나로 통합되어 나타난다. 그러니까 **접속법에서의**

완료 형태가 가리키는 시제는 과거이다.

2) 접속법 2식

동사의 과거 기본형＋접속법 어미의 형태를 가지며, 주로 비현실 화법 (가정법)과 외교적 화법(겸손, 정중한 요청, 권고 등)에 사용된다.

	접속법 어미	sagte	ging	wurde	hatte	konnte	war
ich	-e	sagte	ginge	würde	hätte	könnte	wäre
du	-est	sagtest	gingest	würdest	hättest	könntest	wärest
er/sie/es	-e	sagte	ginge	würde	hätte	könnte	wäre
wir	-en	sagten	gingen	würden	hätten	könnten	wären
ihr	-et	sagtet	ginget	würdet	hättet	könntet	wäret
sie/Sie	-en	sagten	gingen	würden	hätten	könnten	wären

① 사실이나 상황에 대한 가정 (또는 사실이 아님이 분명한 내용)

Mein Freund könnte mir helfen.

내 친구는 나를 도울 수 있는데.(그런데 나를 돕지 않는다는 말.)

Er wäre fast vom Baum gefallen.

그는 하마터면 나무에서 떨어질 뻔했다.(나무에서 떨어지지 않았다는 말.)

Wenn ich Flügel hätte, (dann) flöge ich zu dir.

내가 날개가 있다면 너에게 날아갈 텐데.

Wenn ich jetzt Geld hätte, kaufte ich das Auto.

내가 지금 돈이 있다면, 그 차를 살 텐데.

(Ich habe kein Geld, also ......)

Wenn ich Geld gehabt hätte, (dann) hätte ich das Auto gekauft.

내가 돈이 있었다면, 그 차를 샀을 텐데.

(Ich hatte kein Geld, also ......)

＊ 접속법 2식이 직설법 과거형과 같은 경우에는 'würden＋기본형'으로 바꾸어 쓴다. 접속법 2식이 직설법 과거형과 같지 않은 경우(강변화 동사)라 하더라도 'würden＋기본형'이 선호되고 있다. (단, haben, sein, 화법조동사는 'würden＋기본형'을 사용하지 않는다.)

Wenn ich jetzt Geld hätte, würde ich das Auto kaufen.

Wenn ich Flügel hätte, würde ich zu dir fliegen.

＊ wenn이 생략되면 정동사가 그 자리로 이동한다.

Hätte ich jetzt Geld, würde ich das Auto kaufen.

Hätte ich Geld gehabt, hätte ich das Auto gekauft.

② 비현실 소망문: doch, nur와 함께 부문장만을 사용

Wenn ich doch gesund wäre! 내가 건강하다면!

Wenn ich nur Arzt geworden wäre! 내가 의사가 되었다면!

Wenn sie nur mitgefahren wären! 그들이 함께 갔더라면!

(Wären sie nur mitgefahren!)

③ 겸손한 표현, 정중한 요청, 추측: haben, sein, werden,
　화법조동사와 함께

Ich hätte gern ein Bier.

Könntest du mir helfen?

Es wäre besser, auf seinen Freund zu warten.

그의 친구를 기다리는 것이 좋을 것 같습니다.

Würden Sie bitte die Tür schließen? 문을 좀 닫아 주시겠어요?

④ 비현실 비교: als ob~/als wenn~와 함께

Sie tut so, als ob sie nichts wüsste.

Er spricht gut Deutsch, als ob er ein Deutscher wäre.

als ob에서 ob이 생략되면 그 자리에 정동사가 위치한다.

Sie tut so, als wüsste sie nichts.

Er spricht gut Deutsch, als wäre er ein Deutscher.

⑤ 접속법 2식의 시제

	직설법	접속법 2식
현재	Wenn du heute kommst, kannst du ins Theater mitgehen.	Wenn du heute **kämest**, **könntest** du ins ~~(현재)
미래	Ich werde Deutsch lernen.	Ich **würde** Deutsch lernen. (미래)
과거	Ich kaufte gestern das Buch.	Ich **hätte** das Buch **gekauft**. (과거)
(현재완료)	Ich habe gestern das Buch gekauft.	
(과거완료)	Ich hatte gestern das Buch gekauft.	

직설법에서의 과거(현재완료, 과거완료)는 접속법에서 완료(haben/sein+p.p.) 형태로 하나로 통합되어 나타난다. 그러니까 **접속법에서의 완료 형태가 가리키는 시제는 과거**이다.

A 알맞은 것을 고르시오.

1 Man sagt, dass der Präsident gestorben _____

① ist   ② sei   ③ hat   ④ habe   ⑤ wäre

2 Wenn ich Vogel _____, _____ ich zu dir hinfliegen.

① bin, werde   ② war, wurde   ③ wäre, würde

④ sei, werde   ⑤ wäre, wurde

3 Er fragt ihn, _____ er das Buch habe.

① dass   ② wenn   ③ als ob   ④ ob   ⑤ als

4 Wenn es nicht kalt _____, zöge ich den Mantel an.

① wäre   ② sei   ③ war   ④ gewesen   ⑤ sein

5 _____ es früh oder spät, es ist mir gleichgültig.

① Sei   ② Ist   ③ Wäre   ④ Hat   ⑤ Hätte

6 Wenn mir meine Eltern Geld gegeben hätten, _____ ich mir einen neuen Wagen kaufen können.

① sei   ② würde   ③ wäre   ④ habe   ⑤ hätte

7 Wenn das Wetter schön _____ , wären wir spazierengegangen.

① wäre   ② hätte   ③ gewesen sei

④ gewesen hätte   ⑤ gewesen wäre

8 Wenn ich das _____, wäre ich nicht mitgegangen.

① gewußt hätte   ② wissen würde   ③ wüßte

④ gewußt hatte   ⑤ gewußt wäre

연습문제

9 Bei diesem Wetter _____ du dir einen Mantel anziehen.

① solltest   ② sollest   ③ solltet   ④ solltst   ⑤ solle

10 _____ der Autofahrer damals nicht betrunken gewesen, hätte er keinen Unfall verursacht.

① Würde   ② Hätte   ③ Sei   ④ Habe   ⑤ Wäre

11 Der Ausländer spricht zu schnell, _____ dass ich ihn verstehen könnte.

① außer   ② wenn   ③ als ob   ④ ohne   ⑤ als

12 Um ein Haar _____ das kleine Kind vom Stuhl gefallen.

① sei   ② würde   ③ wäre   ④ habe   ⑤ hätte

> **정답**   1② 2③ 3④ 4① 5① 6⑤ 7⑤ 8② 9② 10⑤ 11⑤ 12③
> 9. sollen 접속법 2식은 어떤 것이 '바람직함'을 나타내기도 함.
> 12. um ein Haar + 접속법2식: 하마터면 ...할 뻔했다.

B 다음에서 직접화법은 간접화법으로, 간접화법은 직접화법으로 고치시오.

1 Man sagte zu ihm: "Ohne Aufenthaltserlaubnis können Sie keinen Pass bekommen."

→ _____

2 Er fragte mich: "Wer ist der Verbrecher?"

→ _____

3 Ich fragte ihn: "Sind Sie in der Schweiz gewesen?"

→ _____

4 Die Polizei meint, dass Voigt geisteskrank sei.

→ _____

5 Sie sagte, dass es keinen Bedarf für eine neue Startbahn gebe.

→ _____

정답 1 Man sagte zu ihm, ohne Aufenthaltserlaubnis könne er keinen Pass bekommen.
2 Er fragte mich, wer der Verbrecher sei.
3 Ich fragte ihn, ob er in der Schweiz gewesen sei.
4 Die Polizei meint: "Voigt ist geisteskrank."
5 Sie sagte: "Es gibt keinen Bedarf für eine neue Startbahn."

C 다음 문장들을 보기 처럼 바꾸어 보시오.

> 보기
>
> Ich möchte zu dir fliegen. Ich habe aber keine Flügel.
> → Ich flöge zu dir, wenn ich Flügel hätte.

1 Er möchte gern den Roman jetzt lesen. Er hat aber keine Zeit dafür.

→ _____

2 Ich möchte ein neues Notebook kaufen. Ich habe aber kein Geld.

→ _____

3 Maria möchte gerne ins Theater gehen. Sie hat aber zu viele Hausaufgaben.

→ _____

4 Julia möchte überall in Deutschland reisen. Sie hat aber kein Auto.

→ _____

5 Peter möchte gern den Film sehen. Die Tickets sind aber bereits ausverkauft.

→ _____

6 Ich habe das Geld nicht. Ich kann es dir nicht geben.

→ _____

7 Ich bin nicht reich. Ich mache keine Weltreise.

→ _____

8 Das Auto war teuer. Herr Kim hat es nicht gekauft.

→ _____

정답

1 Er läse gern den Roman jetzt, wenn er Zeit dafür hätte.

2 Ich würde ein neues Notebook kaufen, wenn ich Geld hätte.

3 Maria ginge gerne ins Theater, wenn sie nicht zu viele Hausaufgaben hätte.

4 Julia würde überall in Deutschland reisen, wenn sie ein Auto hätte.

5 Peter sähe gern den Film, wenn die Tickets noch nicht ausverkauft wären.

6 Wenn ich das Geld hätte, könnte ich es dir geben.

(= Wenn ich das Geld hätte, würde ich es dir geben können.)

7 Wenn ich reich wäre, machte ich eine Weltreise.

(= Wenn ich reich wäre, würde ich eine Weltreise machen.)

8 Wenn das Auto nicht teuer gewesen wäre, hätte es Herr Kim gekauft.

D 다음을 지시대로 고치시오.

1 Karl hat keinen Pass, deswegen kann er keine Arbeitsstelle bekommen.(조건문)

→ _____

2 Er hat dies nicht begriffen, deswegen ging er nicht an die Arbeit.(조건문)

→ _____

3 Voigt war geisteskrank, deswegen nahm er den Bürgermeister von Köpenick gefangen.(조건문)

→ _____

4 Damals hatte ich keine Zeit. (비현실적 기원문)

→ _____

5 Er ist nicht krank. Aber er sieht krank aus. (als ob −)

→ _____

 정답
1 Wenn Karl einen Pass hätte, könnte er eine Arbeitsstelle bekommen.
2 Wenn er dies begriffen hätte, wäre er an die Arbeit gegangen.
3 Wenn Voigt nicht geisteskrank gewesen wäre, hätte er den Bürgermeister von Köpenick nicht gefangengenommen.
4 Wenn ich damals Zeit gehabt hätte!
5 Er sieht aus, als ob er krank wäre.

Kleiner Irrtum

Ein Herr steigt am Abend in Hamburg in den Zug ein und setzt sich in ein leeres Abteil erster Klasse. Er ist anscheinend sehr müde. Als der Schaffner kommt, um die Fahrkarten zu kontrollieren, gibt er ihm zwei Euro und sagt:

"Ich bin sehr müde, und es ist möglich, dass ich einschlafe. Und wenn ich einmal schlafe, schlafe ich sehr fest. Bitte wecken Sie mich in Düsseldorf. Und wenn ich nicht ganz wach werde, packen Sie mich und schieben mich hinaus. Ich schimpfe dann vielleicht, aber Sie wissen ja, dass ich es nicht so meine."

Der Schaffner verspricht, es nicht zu vergessen. Der Zug fährt ab. Der Herr schläft beruhigt ein.

Düsseldorf ist längst vorbei, Köln und Bonn auch. In Koblenz kommt der Herr, der in Düsseldorf aussteigen wollte, wütend zum Schaffner.

"Sie Idiot, warum haben Sie mich nicht geweckt? Das Geld haben Sie eingesteckt, alles andere ist Ihnen ja gleich! Ich werde mich beschweren, Sie Idiot!" Mit diesen Worten geht der wütende Herr weg.

Ein anderer Bahnbeamter sagt zu dem Schaffner:

"Haben Sie oft so unfreundliche Fahrgäste?"

"Ach, wissen Sie" sagt der Schaffner, "das war ja noch gar nichts! Da hätten Sie erst mal den hören sollen, den ich in Düsseldorf geweckt und hinausgeworfen habe!"

작은 실수

어느 날 저녁 한 신사가 함부르크에서 기차에 올라타 1등 객차의 빈 좌석에 앉았다. 얼핏 보기에도 그는 매우 피곤해 보였다. 차장이 차표 검사를 하기 위해 그에게 왔을 때, 그는 2유로를 주면서 이렇게 말했다.

"제가 매우 피곤한데요, 그래서 제가 잠이 들지도 모를 것 같아요. 저는 한번 잠이 들면 아주 깊이 잠이 든답니다. 부탁하건대, 저를 뒤셀도르프에서 깨워주십시오. 그리고 만약 제가 완전히 깨어나지 못하면, 저를 포장해서 (기차) 밖으로 내던져 주세요. 그렇게 되면 아마 제가 욕을 할지도 모르지만, 아시겠지만 제 의도는 그게 아니랍니다(욕을 하고 싶어서 하는 게 아닙니다)."

차장은 그의 말을 잊지 않겠다고 약속했다. 기차는 출발했고, 그 신사는 편안히 잠이 들었다.

(기차는) 오래전에 뒤셀도르프를 지나고, 쾰른 그리고 본도 지나쳤다. 코블렌츠에 이르자 뒤셀도르프에서 내리려고 했던 그 신사가 씩씩 화를 내며 차장에게 와서 이렇게 말했다.

"이 멍청한 양반아, 왜 나를 깨우지 않았단 말이오? 당신은 돈을 받아 챙겼고, (그외) 다른 모든 것은 당신에게 중요하지 않다는 거군요! 나는 고발하겠소, 이 멍청한 양반 같으니라고!" 이 말을 남기고 격분한 신사는 가 버렸다.

다른 역무원이 그 차장에게 이렇게 말했다.

"당신은 그렇게 무례하고 불친절한 승객들이 자주 있는가요?"

"오, 알다시피," 차장이 말했다, "그건 아무것도 아니었어요! 당신은 내가 뒤셀도르프에서 깨워서 밖으로 내던졌던 사람이 하는 말(욕)을 한번 들어봐야 했어요!"

해석 연습 2

Wenn die Haifische Menschen wären-(Bertolt Brecht)

Auch eine Religion gäbe es da, wenn die Haifische Menschen wären. Sie würde lehren, dass die Fischlein erst im Bauch der Haifische richtig zu leben begännen. Übrigens würde es auch aufhören, wenn die Haifische Menschen wären, dass alle Fischlein, wie es jetzt ist, gleich sind. Einige von ihnen würden Ämter bekommen und über die anderen gesetzt werden.

Die ein wenig größeren dürften sogar die kleineren auffressen. Das wäre für die Haifische nur angenehm, da sie dann selber öfter größere Brocken zu fressen bekämen. Und die größeren, Posten habenden Fischlein würden für die Ordnung unter den Fischlein sorgen, Lehrer, Offiziere, Ingenieure im Kastenbau usw. werden. Kurz, es gäbe überhaupt erst eine Kultur im Meer, wenn die Haifische Menschen wären.

상어가 인간이라면 – (베르톨트 브레히트)

상어가 인간이라면, 거기에는 종교가 있을 거야. 그 종교는 이렇게 가르칠 거야. 물고기들은 상어의 배 속에서야 비로소 제대로 된 삶을 시작할 수 있다고 말이야. 말이 나왔으니 하는 얘기지만, 상어가 인간이라면 모든 물고기가 지금처럼 평등한 상태는 또한 멈추게 될 테지. 그들 중 몇몇은 관직을 얻게 되고 다른 물고기들 위에서 군림하게 될 거야.

조금 더 큰 것들은 심지어 더 작은 것들을 잡아먹어도 될 거야. 그것은 상어들에게는 좋은 일이겠지. 왜냐하면 그렇게 되면 상어들은 종종 더 큰 먹잇감을 먹을 수 있을 테니까. 더 크고 직위를 가진 물고기들은 물고기들 사이의 질서 유지에 신경을 쓸 것이고, 교사, 장교, 상자 구조물 속의 엔지니어 등이 될 테지. 간단히 말하자면, 바닷속에 비로소 문화라는 것이 전반적으로 존재할 거야, 상어가 인간이라면 말이야.

22. 불변화사

불변화사는 '첨사'라고도 하는데 보통 다음 두 가지 의미로 통한다. 첫째, 형태 변화도 하지 않고 고유한 의미도 거의 없는 다의적인 품사에 대한 지칭. 둘째, 전치사, 접속사, 부사 등 어형변화만 하지 않는 단어에 대한 지칭이다. 간단히 말하면 공적인 문구에는 잘 사용하지 않고 일상적인 대화에서 말하는 사람의 느낌이나 분위기를 설명해 주는 일종의 '식탁의 소금'이라고 할 수 있다.

매우 많은 불변화사가 있지만, 여기서는 대표적인 불변화사라고 할 수 있는 aber, denn, doch, eben, eigentlich, einfach, ja, mal, noch, nun, nur, vielleicht 등에 대해서 알아보자.

aber

1) 주장을 강조('정말', '과연')

Das ist aber schade! 그거 **정말** 안 됐다!

Ihr seid aber gewachsen! 너희들 **정말** 컸구나!

Der Tee ist aber heiß!

차가 **꽤** 뜨거운데! (그렇게 뜨거운 차를 기대하지 않았음)

(비교: Der Tee ist ja heiß! 차가 뜨겁**잖아**! – 차가운 차를 기대했음)

2) 감탄

Du hast aber gut gesungen! 너 **정말** 노래 잘 불렀어!

3) 불쾌감('몹시', '무척', '되게')

Er lässt uns aber lange warten! 그는 우리를 **무척** 오래 기다리게 해!

4) 질문에 대한 답변을 강조해서

Kannst du mit?

→ Aber ja! 나랑 함께 갈 수 있어? 그럼, 당연하지!

Kommst du mit nicht?

→ Aber doch! 나랑 함께 갈 수 없니? 아니, 당연히 돼!

Hast du das getan?

→ Aber nein! 네가 그것을 했니? 아니, 아니야!

denn−의문문에 거의 습관적으로 사용됨

1) 공손한 질문

Hast du denn ein Auto? **그럼** 너는 자동차가 있니?

Wohnt er denn in Hamburg? 그는 **그럼** 함부르크에 사니?

Bist du denn wieder völlig gesund? 너는 **그럼** 이제 완전히 건강하니?

2) 관심이나 비난('대체', '도대체')

Was ist denn das? **대체** 이게 무엇인가?

Bist du denn blind? 너는 **도대체** 눈이 멀었니?

Wie spät ist es denn? **대체** 몇 시인가?

doch−aber보다 약함

1) 비난을 포함한 변명('하지만')

A: Mach das Fenster zu! 창문을 닫아라!

B: Es ist doch viel zu warm im Zimmer! **하지만** 방이 너무 더워!

A: Du hast aber wenig Fleisch gekauft. 너는 고기를 몹시 적게 샀다.

B: Ich konnte doch nicht wissen, dass wir Besuch bekommen. 하지만 나는 방문객이 있을지 알 수 없었어.

2) 명령문에서 부탁이나 충고('제발', '좀')

Komm doch endlich zum Essen! 이제 **제발** 식사하러 와!

Lass mich doch in Ruhe! 나를 **좀** 쉬게 해다오!

3) 어떤 내용을 상기시켜 상대의 동의를 이끌어냄('~인 거야', '~이 잖아')

Das ist doch wahr. 그것은 사실인 **거야**.

Das hast du mir doch versprochen. 너는 내게 그것을 약속**했잖아**.

4) 접속법 2식에서 강한 소망('꼭', '부디', '정말')

Käme er doch!(= Wenn er doch käme!) 그가 **부디** 오기를!

Wenn ich doch Bürgermeister wäre! 내가 **정말** 시장이라면!

5) 스스로 묻는 의문문에서 생각해 내려고 할 때('~였던가?', '~더라?')

Was wollte ich doch kaufen? 내가 무엇을 사려고 **했더라**?

Wie ist doch gleich ihr Name? 그녀 이름이 뭐**였더라**?

eben

1) 배타적, 강조('바로')

Eben 9 Stunden war er in Düsseldorf.

바로 9시에 그는 뒤셀도르프에 있었다.

In eben dieser Straße war der Unfall passiert.

바로 이 거리에서 그 사고가 일어났다.

Eben deine Frau habe ich gestern angerufen, aber nicht erreicht.

나는 어제 **바로** 네 부인에게 전화했는데, 통화를 하지 못했어.

2) nicht와 함께 : 부정을 약화시킴.

Er ist nicht eben ein großer Könner.

그는 **그렇게** 대단한 능력가는 아니다.

Der Zug kommt nicht eben pünktlich.

그 기차가 **그렇게** 정확하게 오지는 않는다.

※ 동사를 수식할 때는: eben nicht

Das will ich eben nicht behaupten.

나는 그것을 **꼭** 주장하지는 않는다.

3) 변경하기 어려운 기정사실을 인정(어쨌든 ~ 라고 해도 사실이다)

Das Spiel ist eben verloren. **정말로** 그 시합은 졌다.

Die Prüfung ist eben zu schwer. **정말** 그 시험은 너무 어렵다.

Das ist eben so. **정말** 그것은 그래.

eigentlich

1) 평서문에서('원래', '본래')

Das ist eigentlich mein Buch, aber das macht nichts.

그것은 **원래** 내 책이지만 상관없다.

Ich muss eigentlich nach Hamburg fahren.

나는 **원래** 함부르크로 가야만 한다. (그것이 중요하다.)

2) 의문문에서('도대체', '그런데') – 확인, 놀람, 강한 관심: 부정적 의미
   는 없음.

Was wollt ihr eigentlich von mir?

너희들은 **도대체** 내게 무엇을 원하는 거니?

Was denkst du eigentlich? **도대체** 너는 무엇을 생각하니?

Warum besuchst du mich eigentlich?

도대체 너는 나를 왜 찾아 왔니?

Wie heißt du eigentlich?

도대체 네 이름이 뭐니? **그런데** 네 이름이 뭐니?

Wie geht es eigentlich Ihrer Frau?

그런데 당신 부인께서는 어떻게 지내십니까?

Waren Sie eigentlich schon einmal in Italien?

그런데 당신은 벌써 이탈리아에 가보았습니까?

einfach

1) 전혀, 어쨌든, 도무지

Ich verstehe dich einfach nicht! 나는 너를 **전혀** 이해하지 못하겠어!

Das ist einfach unmöglich! **어쨌든** 그것은 불가능해!

2) 그냥, 그야말로, 완전히

Sag ihm einfach mal die Wahrheit! 그냥 그에게 한번 진실을 말해!

Geh doch einfach zum Lehrer und frag ihn danach!

그냥 선생님께 가서 물어봐!

Diese Lösung ist einfach genial! 이 해결책은 **그야말로** 천재적이다!

Das Wetter ist einfach herrlich! 날씨가 **완전히** 끝내준다!

ja

1) 모두가 알고 있는 사실. 동의 요구 ('알다시피')

Die Prüfung ist ja bald vorüber. **알다시피** 시험은 곧 끝난다.

Peter ist ja wieder aus Deutschland zurück.

알다시피 페터가 다시 독일에서 돌아왔어.

Er blieb zu Hause, weil er ja krank war.

그는 집에 있었어. **알다시피** 아팠기 때문이지.

2) 강조('아니 그뿐만 아니라', '정말로')

Das ist schwer, ja unmöglich.

그것은 어려워, **아니 그뿐만 아니라** 불가능해.

Er bemüht sich, dass sein Sohn ja studieren kann.

그는 그의 아들이 **정말로** 대학에 갈 수 있도록 애를 쓴다.

3) 감탄문에서 놀라움을 표시

Sie ist ja schon wieder krank! 그녀가 또 다시 아프**다니**!

Es schneit ja! 눈이 오**잖아**!

Es ist ja heute kalt! 오늘 춥**구나**!

4) 명령문에서('절대로', '꼭')

Vergiss ja nicht den Schiüssel! 열쇠를 **절대로** 잊어버리지 말아라!

Komm morgen ja nicht wieder zu spät!

내일은 **절대로** 또다시 늦어서는 안 된다!

Lies ja das Buch durch! 책을 **꼭** 끝까지 읽어라!

mal=einmal의 축약형: 명령문, 의문문에 주로 사용('한번', '좀')

Warst du schon mal in Italien? 이탈리아에 **한번** 가본 적 있니?

Geh mal zum Arzt! 의사한테 **한번** 가봐라!

Komm mal her! 이리 **좀** 와봐라!

Kannst du mal helfen? **좀** 도와줄 수 있니?

Hältst du mir mal die Tasche? 내 가방 **좀** 들어줄 수 있겠니?

noch

1) 시간적인 의미('아직', '아직도', '벌써')

Sie schläft noch um 9 Uhr. 그녀는 9시인데 **아직도** 자고 있다.

Er wohnt noch in der alten Wohnung.

그는 **아직도** 옛날 집에서 살고 있다.

Sie sind noch jung. 당신은 **아직** 젊습니다.

Ich werde heute noch den Arzt anrufen.

나는 오늘 **벌써** 의사에게 전화하겠다.

Die Bombe explodierte noch vor 6 Uhr.

폭탄이 6시도 되지 않았는데 **벌써** 폭발하였다.

2) 등급의 의미

Sie hat noch zwei Stunden gearbeitet.

그는 두 시간(이나) 더 일을 하였다.

Das Kind spielt noch eine Stunde draußen.

그 아이는 한 시간**이나** 더 밖에서 놀고 있다.

3) 양적인 의미

Der Schüler hat noch eine Frage. 학생은 질문할 것이 하나 **더** 있다.

Er muss noch ein Jahr im Ausland bleiben.

그는 일 년 **더** 외국에 있어야 한다.

nun

Nun, wir haben die größten Schwierigkeiten überstanden.

그런데, 우리는 가장 큰 어려움을 극복하였습니다.

Nun hat er mehr Zeit als früher.

이제는 그는 전보다 더 많은 시간이 있다.

Wann kommt er nun? 그는 **도대체** 언제 오느냐?

Stimmt das nun? 그것이 **도대체** 맞는 것인가?

nur

1) 제한적, 배타적('단지')

Er hat nur 10 Euro bei sich.

그는 **단지** 10유로를 갖고 있을 뿐이다.(더 이상은 갖고 있지 않다.)

Nur bei schönem Wetter gehen sie spazieren.

날씨가 좋을 **때만** 그들은 산책을 한다.

Ich habe nur vermutet, dass er im Urlaub ist.

나는 그가 휴가 중이라고 **단지** 추측할 뿐이다.

2) 명령문 – 절박한 요구('제발')

Komm nur nach Hause! 집에만 와 봐라(벌을 받을 것이다)!

Rauch nur nicht so viel! **제발** 담배를 그렇게 많이 피우지 말거라!

Nur nicht so schnell laufen! **제발** 그렇게 빨리 달리지 말거라!

Nur mit der Ruhe! **제발** 침착하게!

3) 의문문 – 질문의 긴박성('도대체')

Wie spät ist es nur? **도대체** 지금 몇 시지?

Wann fährt der Zug nur weiter? **도대체** 기차가 언제 출발하지?

Warum ist er nur nicht gekommen? **도대체** 그가 왜 오지 않았니?

Wie konntest du mich nur belügen?

어떻게 네가 나를 **도대체** 속일 수가 있었니?

4) 접속법 2식 – 소망

Wenn sie nur bald käme! 그녀가 오기만 한다면!

Wenn das Wetter nur schön bliebe! 날씨가 제발 이대로 좋다면!

Wäre er nur rechtzeitig zum Arzt gegangen!

그가 제 때에 의사에게 갔었다면!

vielleicht

1) 의문문-겸연쩍은 부탁(부끄러움, 미안함 포함)

Hast du vielleicht eine Zigarette für mich?

실례지만 담배 하나 내게 줄 수 있니?

Können Sie mir vielleicht sagen, wie ich zum Bahnhof komme?

미안하지만 역으로 가는 길을 좀 알려줄 수 있습니까?

Ist das vielleicht eine Lösung?

정말 그것이 해답일까?(아니다. 그것은 해답이 아니다.)

2) 명령문-강한 욕구를 나타냄(짜증 포함)

Vielleicht benimmst du dich anständig! 좀 예의바르게 처신해라!

Die verkäufer hier sind vielleicht unfreundlich!

이곳 상인들은 뭐 이리 불친절하지!

3) 감탄문-심한 감정의 흥분

Ich war vielleicht aufgeregt! 나 (아직도) 엄청 흥분했어!

Du bist vielleicht ein Träumer! 너는 필시 몽상가이다!

23. 심화학습 - 관사 보충학습

1) 정관사의 용법

잘 알려져 있거나 이미 언급된 것.

Die Stadion in Berlin ist groß. 베를린 경기장은 크다.

Da ist ein Baum. Der Baum ist sehr alt.

저기 나무가 한 그루 있다. 그 나무는 아주 오래 되었다.

하나밖에 없는 명사

Die Sonne scheint. 태양이 빛나고 있다.

Der Mond geht gerade unter. 달이 막 진다.

남성, 여성, 복수의 나라 이름

der Irak, die Schweiz, die Niederlande

형용사의 최상급과 서수 앞

der schönste Tag meines Lebens, 내 생애 최고의 날

Die Zugspitze ist der höchste Berg in Deutschland.

추크슈피체는 독일에서 가장 높은 산이다.

Frau Meier wohnt in dem dritten Stock.

마이어 부인은 3층에 살고 있다.

2) 부정관사의 용법

부정관사는 알려지지 않은 임의의 하나, 한 개를 뜻하거나, 하나를 가지고 종속 전체를 일괄적으로 표현할 때 사용된다. 또한 고유명사에 대해 '일종의, ...와 같은 인물'을 나타낸다.(ein Goethe 괴테와 같은 인물)

Er arbeitet in einem Hotel. 그는 어느 호텔에서 일하고 있다.

Das weiß sogar ein Kind. 그것은 심지어 아이라도 알고 있다.

(= Das wissen sogar Kinder.)

Wir machen einen Spaziergang. 우리는 산책을 한다.(관용적 표현)

3) 무관사의 용법

고유명사

Klara bleibt jetzt in Hamburg.

물질명사

Er trinkt gern Wein.

Alle Menschen brauchen Wasser und Salz

Ich habe viel Geld.

그렇지만 일반화된 뜻으로 쓰일 때는 정관사를 붙인다.

Das Geld regiert die Welt. 금전만능

Der Wein erfreut des Menschen Herz.

술이란 사람의 마음을 즐겁게 한다.

추상명사

Ich habe jetzt Hunger und Durst.

Sie erreichte ihr Ziel nur durch Fleiß.

그녀는 오로지 근면으로 그녀의 목표에 도달했다.

직업, 지위, 국적, 학과목

Er ist Lehrer. 그는 선생님이다.

Bald wird er Vorsitzender. 곧 그는 의장이 될 것이다.

Sie ist Französin. 그녀는 프랑스 사람이다.

Ich habe keine Schwierigkeit in Mathematik.

나는 수학에는 어려움이 없다.

정해지지 않은 사람, 사물을 막연하게 쓸 때

Die Fabrik hat junge Arbeiter. 그 공장은 젊은 노동자를 갖고 있다.

Hat er Bücher? 그는 책을 가지고 있니?

관용적 표현

Tag und Nacht 낮과 밤,

von Haus zu Haus 집집마다, Hand in Hand 손에 손을 잡고,

zu Hause sein 집에 있다.

nach Hause gehen 집에 가다.

4) 대표단수 또는 일반화된 명사

Das (Ein) Pferd ist ein Säugetier. 말은 포유동물이다.

= Ein Pferd ist ein Säugetier.

= Pferd sind Säugetiere.

Das Auto ist ein Verkehrsmittel. 자동차는 교통수단이다.

= Ein Auto ist ein Verkehrsmittel.

= Autos sind Verkehrsmittel.

Der Baum ist eine Pflanze. 나무는 식물이다.

= Ein Baum ist eine Pflanze.

= Bäume sind Pflanzen.

부정법	직설법		접속법	과거분사
	현재	과거	II식	
backen (빵을) 굽다	du bäckst er bäckt	buk (backte)	büke (backte)	gebacken
befehlen 명령하다	du befiehlst er befiehlt	befahl	beföhle (befähle)	befohlen
beginnen 시작하다		begann	begönne (begänne)	begonnen
beißen 물다	du beiß[es]t er beißt	biss	bisse	gebissen
bergen 숨기다		barg	bärge	geborgen
bewegen 무엇을 하게하다		beweg	bewöge	bewogen
biegen 굽히다		bog	böge	gebogen
bieten 제공하다		bot	böte	geboten
binden 맺다		band	bünde	gebunden
bitten 청하다		bat	bäte	gebeten
blasen 불다	du bläs[es]t er bläst	blies	bliese	geblasen
bleiben 머무르다		blieb	bliebe	geblieben
braten 굽다	du brätst er brät	briet	briete	gebraten
brechen 깨다	du brichst er bricht	brach	bräche	gebrochen
brennen (불) 타다		brannte	brennte	gebrannt
bringen 가져오다		brachte	brächte	gebracht
denken 생각하다		dachte	dächte	gedacht
dringen 밀고 나아가다		drang	dränge	gedungen
dürfen 해도 좋다	ich darf du darfst er darf	durfte	dürfte	gedurft

부정법	직설법		접속법	과거분사
	현재	과거	II식	
empfehlen 추천하다	du empfiehlst er empfiehlt	empfahl	empföhle (empfähle)	empfohlen
erlöschen (불이) 꺼지다	du erlisch[e]st er erlischt	erlosch	erlösche	erloschen
erschrecken 놀라다	du erschrickst er erschrickt	erschrak	erschräke	erschrocken
essen 먹다	du isst er ißt	aß	äße	gegessen
fahren 타고가다	du fährst er fährt	fuhr	führe	gefahren
fallen 떨어지다	du fällst er fällt	fiel	fiele	gefallen
fangen 붙잡다	du fängst er fängt	fing	finge	gefangen
fechten 싸우다	du fichtst er ficht	focht	föchte	gefochten
finden 발견하다		fand	fände	gefunden
flechten 엮다, 땋다	du flichst er flicht	flocht	flöchte	geflochten
fliegen 날다		flog	flöge	geflogen
fliehen 달아나다		floh	flöhe	geflohen
fließen 흐르다	du fließ[es]t er fließt	floss	flösse	geflossen
fressen (동물이) 먹다	du frisst er frisst	fraß	fräße	gefressen
frieren 얼다		fror	fröre	gefroren
gebären 낳다	du gebierst er gebiert	gebar	gebäre	geboren
geben 주다	du gibst er gibt	gab	gäbe	gegeben
gefallen 마음에 들다	es gefällt	gefiel	gefiehle	gefallen
gehen 가다	du gehst er geht	ging	ginge	gegangen
gelingen 성공하다		gelang	gelänge	gelungen
gelten 가치가 있다	du gilst er gilt	galt	göte (gälte)	gegolten

부정법	직설법		접속법	과거분사
	현재	과거	II식	
genesen (병이) 낫다	du genes[es]t er genest	genas	genäse	genesen
genießen 즐기다		genoss	genösse	genossen
geschehen (일이) 일어나다	es geschiet	geschah	geschähe	geschehen
gewinnen 얻다		gewann	gewönne (gewanne)	gewonnen
gleichen 같다		glich	gliche	geglichen
gießen (물을) 붓다	du gieß[es]t er gießt	goss	gösse	gegossen
gleiten 미끄러지다		glitt	glitte	geglitten
graben 파다	du gräbst er gräbt	grub	grübe	gegraben
greifen 잡다, 쥐다		griff	griffe	gegriffen
haben 가지고 있다	du hast er hat	hatte	hätte	gehabt
halten 유지하다	du hältst er hält	hielt	hielte	gehalten
hängen(hangen) 걸려 있다	du hängst er hängt	hing	hinge	gehangen
hauen 때리다, 치다		hieb	hiebe	gehauen
heben 올리다		hob	höbe	gehoben
heißen 라고 불리우다	du heiß[es]t er heißt	hieß	hieße	geheißen
helfen 돕다	du hilfst er hilft	half	hülfe	geholfen
kennen 알다		kannte	kennte	gekannt
klingen (소리가) 울리다		klang	klänge	geklungen
kommen 오다		kam	käme	gekommen
können 할 수 있다	ich kann du kannst er kann	konnte	könnte	gekonnt

부정법	직설법 현재	직설법 과거	접속법 II식	과거분사
kriechen 기다		kroch	kröche	gekrochen
laden (짐을) 싣다	du lädst er lädt	lud	lüde	geladen
lassen 시키다	du lässt er lässt	ließ	ließe	gelassen
laufen 달리다	du läufst er läuft	lief	liefe	gelaufen
leiden 시달리다		litt	litte	gelitten
leihen 빌려주다		lieh	liehe	geleihen
lesen 읽다	du liest er liest	las	läse	gelesen
liegen 놓여있다		lag	läge	gelegen
lügen 거짓말하다		log	löge	gelogen
meiden 피하다		mied	miede	gemieden
messen 재다	du misst er misst	maß	mäße	gemessen
mögen 좋아하다	ich mag du magst er mag	mochte	möchte	gemocht
müssen 해야 한다	ich muss du musst er muss	musste	müsste	gemusst
nehmen 잡다	du nimmst	nahm	nähme	genommen
nennen 명명하다		nannte	nennte	genannt
preisen 칭찬하다	du preis[es]t er preist	pries	priese	gepriesen
quellen (물이) 솟아나오다	du quillst er quillt	quoll	quölle	gequollen
raten 충고하다	du rätst er rät	riet	riete	geraten
reiben 문지르다		rieb	riebe	gerieben

부정법	직설법		접속법	과거분사
	현재	과거	II식	
reißen 찢다		riss	risse	gerissen
reiten 말타다		ritt	ritte	geritten
rennen 달리다		rannte	rennte	gerannt
riechen 냄새나다		roch	röche	gerochen
ringen 격투하다		rang	ränge	gerungen
rinnen 흐르다		rann	rönne (ränne)	geronnen
rufen 부르다		rief	riefe	gerufen
saufen (동물이) 마시다	du säufst er säuft	soff	söffe	gesoffen
schaffen 창조하다		schuf	schüfe	geschaffen
scheiden 나누다, 가르다		schied	schiede	geschieden
scheinen 빛나다		schien	schiene	geschienen
scheißen 똥누다		schieß	schisse	geschissen
schelten 꾸짖다	du schiltst er schilt	schalt	schölte (schälte)	gescholten
schieben 밀다		schob	schöbe	geschoben
schießen 쏘다	du schießt er schießt	schoss	schösse	geschossen
schlafen 자다	du schläfst er schläft	schlief	schliefe	geschlafen
schlagen 치다	du schlägst er schlägt	schlug	schlüge	geschlagen
schleichen 소리내지 않고 걷다, 기다		schlich	schliche	geschlichen
schließen 닫다	du schließt er schließt	schloss	schlösse	geschlossen
schlignen 휘감다		schlang	schlänge	geschlungen

부정법	직설법		접속법	과거분사
	현재	과거	II식	
schmelzen	du schmilzt	schmolz	schmölze	geschmolzen
녹다	er schmilzt			
schneiden		schnitt	schnitte	geschnitten
자르다				
schreiben		schrieb	schriebe	geschrieben
쓰다				
schreien		schrie	schriee	geschrie[e]n
외치다				
schmeißen		schmieß	schmisse	geschmissen
던지다				
schreiten		schritt	schritte	geschritten
걷다				
schweigen		schwieg	schwiege	geschwiegen
침묵하다				
schwellen	du schwillst	schwoll	schwölle	geschwollen
부풀다	er schwillt			
schwimmen		schwamm	schwömme	geschwommen
헤엄치다			(schwämme)	
schwinden		schwand	schwände	geschwunden
사라지다				
schwören	du schwörst	schwur	schwüre	geschworen
맹세하다	er schwört			
sehen	du siehst	sah	sähe	gesehen
보다	er sieht			
sein	ich bin	war	wäre	gewesen
있다. …이다	du bist			
	er ist			
senden		sandte	sendete	gesendet
보내다		(sandete)		
singen		sang	sänge	gesungen
노래하다				
sinken		sank	sänke	gesunken
가라앉다				
sinnen		sann	sänne	gesonnen
곰곰히 생각하다				
sitzen	du sitz[es]t	saß	säße	gesessen
앉아 있다	er sitzt			
sollen	ich soll	sollte	sollte	gesollt
마땅히…해야한다	du sollst			
	er soll			

부정법	직설법		접속법	과거분사
	현재	과거	II식	
spinnen 짜다, 잣다		spann	spönne (spänne)	gesponnen
sprechen 말하다	du sprichst er spricht	sprach	spräche	gesprochen
springen 뛰다		sprang	spränge	gesprungen
stechen 찌르다	du stichst er sticht	stach	stäche	gestochen
stehen 서 있다		stand	stände	gestanden
stehlen 훔치다	du stiehlst er stiehlt	stahl	stöhle (stähle)	gestohlen
steigen 오르다		stieg	stiege	gestiegen
sterben 죽다	du stirbst er stirbt	starb	stürbe	gestorben
stoßen 찌르다	du stöß[es]t er stößt	stieß	stieße	gestoßen
streichen 쓰다듬다/배회하다		strich	striche	gestrichen
streiten 다투다		stritt	stritte	gestritten
tragen 운반하다	du trägst er trägt	trug	trüge	getragen
treffen 맞추다	du triffst er trifft	traf	träfe	getroffen
treiben 쫓다, 몰고가다		trieb	triebe	getrieben
treten 밟다	du trittst er tritt	trat	träte	getreten
trinken 마시다		trank	tränke	getrunken
trügen 속이다		trog	tröge	getrogen
tun 하다	du tust er tut	tat	täte	getan
verbieten 금지하다		verbot	verböte	verboten
verderben 썩다	du verdirbst er verdirbt	verdarb	verdürbe	verdorben

부정법	직설법		접속법	과거분사
	현재	과거	II식	
vergessen 잊다	du vergiss[es]t er vergisst	vergaß	vergäße	vergessen
verlieren 잃다		verlor	verlöre	verloren
vermögen …할 능력이 있다	ich vermag du vermagst er vermag	vermochte	vermöchte	vermocht
verzeihen 용서하다		verzieh	verziehe	verziehen
wachsen 자라다	du wächs[es]t er wächst	wuchs	wüchse	gewachsen
waschen 씻다	du wäsch[e]st er wäscht	wusch	wüsche	gewaschen
weben 짜다		wob	wöbe	gewoben
weichen 물러나다		wich	wiche	gewichen
weisen 가리키다	du weis[es]t er weist	wies	wiese	gewiesen
wenden 돌리다	du wendest er wendet	wandt	wendete	gewandt
werben 선전하다	du wirbst er wirbt	warb	würbe	geworben
werden 되다	du wirst er wird	wurde	würde	geworden
werfen 던지다	du wirfst er wirft	warf	würfe (wärfe)	geworfen
wiegen 무게가 …이다		wog	wöge	gewogen
winden (휘)감다		wand	wände	gewunden
wissen 알고 있다	ich weiß du weißt er weiß	wusste	wüsste	gewusst
wollen 원하다	ich will du willst er will	wollte	wollte	gewollt
ziehen 끌다		zog	zöge	gezogen
zwingen 강요하다		zwang	zwänge	gezwungen

최강 독일어

2023년 7월 5일 초판 1쇄 발행

지은이   윤순식
펴낸이   양진화
책임 편집   김종수
펴낸곳   ㈜교학도서
공급처   ㈜교학사

등록   2000년 10월 10일 제 2000-000173호
주소   서울 마포구 마포대로 14길 4
대표 전화   02-707-5100
편집 문의   02-707-5271
영업 문의   02-707-5155
전자 우편   kcs10240@hanmail.net
홈페이지   www.kyohak.co.kr

ISBN 979-11-89088-34-7 13750